POËMES ET POÉSIES

PAR

PROSPER BLANCHEMAIN

TROISIÈME ÉDITION
REVUE ET AUGMENTÉE D'UN GRAND NOMBRE DE PIÈCES NOUVELLES

> Et mon vers a peut-être aussi quelque douceur.
> ANDRÉ CHÉNIER.

PARIS
PAUL MASGANA, LIBRAIRE-ÉDITEUR
12, GALERIE DE L'ODÉON
—
1853.

POËMES ET POÉSIES

DU MÊME AUTEUR:

FOI, ESPÉRANCE ET CHARITÉ

POÉSIES RELIGIEUSES ET MORALES

UN BEAU VOLUME GRAND IN-18.

IMPRIMERIE DE J. CLAYE ET Ce, RUE SAINT-BENOIT, 7.

POËMES ET POÉSIES

PAR

PROSPER BLANCHEMAIN

TROISIÈME ÉDITION
REVUE ET AUGMENTÉE D'UN GRAND NOMBRE DE PIÈCES NOUVELLES

> Et mon vers a peut-être aussi quelque douceur.
> ANDRÉ CHÉNIER.

PARIS
PAUL MASGANA, LIBRAIRE-ÉDITEUR
12, GALERIE DE L'ODÉON

1853.

A Marie Désirée

OFFRANDE

A toi, mon unique espérance,
A toi, vers qui mon âme incessamment s'élance,
En son bonheur, en ses revers;
A toi, dans qui j'ai foi, que j'aime,
Comme on aime à genoux le Créateur suprême,
A toi, l'offrande de mes vers!

Car, si j'ai le cœur d'un poëte,
Si quelque hymne inspiré, sur ma lyre inquiète,
Vibre, meurt et renaît vingt fois;
Ton âme frémit dans la mienne,
Je suis l'écho lointain, la harpe éolienne
Où résonne ta douce voix.

En toi seule est ma poésie;
Ton regard est pour moi la coupe d'ambroisie;
Ton amour, la source où je bois.
A toi donc, ô ma bien-aimée!
A toi, si, par instants, mes hymnes t'ont charmée,
Les chants qu'à toi seule je dois!

POÈMES ET POÉSIES

LES DEUX MONDES

ODE

COURONNÉE PAR L'ACADÉMIE DES JEUX FLORAUX.

L'ouragan boréal déchaîne les naufrages ;
La mer roulant ses flots et le ciel ses orages,
Rongent avec fureur le détroit écumant ;
Et seuls, dans ce chaos qui gronde, qui menace,
Immobiles et noirs, deux grands caps, face à face,
    Se dressent éternellement !

Là des mots inconnus se mêlent aux rafales ;
De deux géants couchés les têtes colossales
Dominent les deux caps vacillant sous leur poids ;
Or l'un est le Vieux Monde, et l'autre l'Amérique,
Qui, chacun accoudé sur une roche antique,
    S'entretiennent à haute voix :

LE VIEUX MONDE.

Ne m'aimes-tu donc plus, ô ma belle Amérique,
Comme en ces premiers jours, si vite évanouis,
Où la main de Colomb, dénouant ta tunique,
T'offrit, vierge sauvage, à mes yeux éblouis?

J'avais cru jusqu'alors que j'étais le seul monde,
Que pour moi le soleil s'allumait dans les cieux,
Et que pour moi la nuit à sa voûte profonde
Suspendait ses milliers d'astres mystérieux.

Enfant, je me berçais au bruit de mes feuillages,
De mes fleuves errants, de mes oiseaux chanteurs,
Je ne regardais pas plus loin que mes rivages,
Et je me complaisais dans mes peuples pasteurs.

Plus tard, dans les cités, dans les tours, sous les dômes,
J'enfermais des humains les mobiles désirs;
Les peuples me brodaient un manteau de royaumes;
Le fracas de la guerre amusait mes loisirs.

Enfin je m'ennuyai captif dans mes deux pôles,
Et, las d'être toujours baigné de sang nouveau,
De l'empire romain qui chargeait mes épaules
Dans un jour de dépit je brisai le fardeau.

Je voyais tout aimer, moi qui faisais tout naître;
Isolé, sans amour, et navré d'être seul,
Je nourrissais un feu qui dévorait mon être;
L'Océan sur mes flancs pesait comme un linceul!

Mais ce n'est pas la mort qu'il couvrait ; c'est la vie !
Un de mes fils partit, vers mon rêve idéal.
Tu parus, jeune et belle, aux flots jaloux ravie,
Et le linceul devint un voile nuptial.

L'AMÉRIQUE.

Malheur à ce Génois rebelle,
Qui, de Palos un jour parti,
Poussant vers moi sa caravelle,
Imprima sa trace nouvelle
Sur le rivage d'Haïti !

Cachée à tes regards profanes,
Je me berçais, naïve encor,
Dans les hamacs de mes lianes,
Au vent parfumé des savanes,
Sur mes fleuves aux sables d'or.

Cet or chez mes peuples antiques
Ne soulevait pas de fureurs.
Des mêmes filons métalliques
Sortaient le bandeau des caciques,
Et l'instrument des laboureurs.

Mais ce métal fut une amorce
Pour tes fils au meurtre acharnés ;
Tu vins sous mes huttes d'écorce
Et tu me ravis, par la force,
Mes biens que je t'aurais donnés.

Pour toi je n'étais point avare ;
Car je t'aimais d'amour alors !
Et qu'as-tu fait de moi, barbare,
Lorsque pour dot à ton Pizarre
Du Pérou j'offrais les trésors ?

LE VIEUX MONDE.

N'accuse que Pizarre et ses guerriers sinistres,
Eux seuls ont sur leur trône égorgé les Incas ;
J'ai maudit les fureurs de ces sanglants ministres,
A tes fils opprimés j'ai donné Las Casas.

Las Casas, renversant tes sanglantes idoles,
Te fit connaître un Dieu d'amour et de bonté ;
Sur ta plaie il versa, l'homme aux saintes paroles,
Le baume de la grâce et de la charité.

Si d'autres dans tes champs ont porté la faucille,
S'ils ont brûlé le chaume en récoltant le grain,
Leurs enfants ont semé ; le temps fuit, l'été brille,
De plus riches moissons jaunissent le terrain.

L'Industrie à son tour traversant l'Atlantique,
Vient peupler tes déserts de vivantes cités ;
Chaque jour fait jaillir de la forêt antique
Des guérets florissants et des toits habités.

L'AMÉRIQUE.

Les bois où chassent mes peuplades,
Je les aime et non tes guérets !

Rends-moi le bruit de mes cascades,
Mes Hurons et leurs embuscades,
Et leurs wigwams dans les forêts.

A tes blancs je dis anathème !
Aux sifflements de tes wagons
Je préfère mes serpents même :
Ce sont les Peaux-Rouges que j'aime,
Des Esquimaux aux Patagons !

Tu leur dérobes leur domaine :
Prends garde, je me vengerai !
Tes fils que l'Océan m'amène
Seront mes instruments de haine,
Contre toi je les armerai !

Quand mon dernier Huron sauvage
Aura chanté son chant de deuil,
Les colons nés sur mon rivage
Obtiendront seuls tout l'héritage ;
Et je te clouerai ton cercueil.

Déjà vers moi la foule abonde,
Déjà l'Américain du Nord,
Libre de ton joug, ô Vieux Monde !
Va saisir le sceptre de l'onde.
Écoute ! c'est un glas de mort !

Jeune encor, j'aurai vu ta perte.
Tes peuples décrépits mourront,

Et, dans chaque cité déserte,
D'abord grandira l'herbe verte,
Puis les chênes au vaste front.

Tu dormiras muet et sombre
Sous les bois par le temps accrus ;
On oubliera jusques au nombre
De tes villes mortes dans l'ombre,
Et de tes peuples disparus.

Sur toi le lent oubli va fondre,
Et plus tard, le jour est marqué,
Dans quelque marais qui s'effondre
On trouvera Paris et Londre
Comme on a trouvé Palenqué !

Palenqué, Babel mexicaine,
Énigme de marbre sculpté,
Cadavre d'une cité reine
Morte sans que l'histoire humaine
De ses grandeurs ait rien conté.....!

Ainsi le front courbé vers le détroit qui gronde,
L'Amérique superbe accuse le Vieux Monde,
  Son gigantesque époux ;
Et leurs voix, se croisant sur la mer écumante,
De leurs éclats hautains dominent la tourmente
  Des vagues en courroux..

Mais le sombre Océan, que leur colère étonne,
S'agite, secouant son humide couronne
>>D'algues et de corail;
Et de ses bras nerveux broyant des monts de glaces,
Élève entre eux son front tout chargé de menaces,
>>Comme un épouvantail.

L'OCÉAN.

Quel esprit de discorde aujourd'hui vous enivre?
Mondes désenchantés, ne pouvez-vous plus vivre
>>L'un et l'autre en repos?
Ne vous souvient-il plus qu'en mes jours de colères,
Sur vos Hymalayas et sur vos Cordillères,
>>J'ai promené mes flots?

Prenez garde que Dieu, renversant mes limites,
Ne me déchaîne encor sur vos terres maudites,
>>Ainsi qu'aux anciens jours.
Cette voix qui m'a dit : « Ici ta rage expire;
Tu n'iras pas plus loin! » Cette voix peut me dire :
>>« Va plus loin! va toujours! »

Des sombres profondeurs qui gardent l'Atlantide,
Je monterais ployant sous mon étreinte humide
>>Vos fronts appesantis;
Et sur vos monts altiers devenus des abîmes,
Dans l'aire des aiglons mes monstres maritimes
>>Nourriraient leurs petits.

Pour vos grandeurs aurait sonné l'heure dernière ;
La terre sous les eaux dormirait prisonnière
    Dans le gouffre béant ;
Le soleil éteindrait sa lumière inutile,
Et la mort planerait sur la face immobile
    De l'immense Océan !

Dans le ciel cependant une voix douce et pure
Chantait : ce fier courroux se calmait sans effort ;
Comme au sein maternel se repose et s'endort
    Un petit enfant qui murmure :

« Gloire à Dieu dans le ciel ! paix ici-bas à tous !
Mers, abaissez vos flots ; terres, prosternez-vous
    Devant la puissance infinie !
Chantez, harpes des bois ! chantez, vents des déserts !
Océans orageux, confondez vos concerts
    Dans l'universelle harmonie ! »

    23 mai 1851.

LEVER DE SOLEIL

A MADAME JANE H***

En vain je veux forcer ma pensée à se taire :
Sous le bois verdoyant où fleurit le glaïeul,
Rêvant à l'avenir, je marche solitaire,
  Et triste d'être seul.

L'aube déploie au ciel sa radieuse écharpe ;
Les astres éclipsés s'en vont disparaissant,
Et le monde éveillé vibre, comme une harpe,
  Aux mains du Tout-Puissant.

Déjà le soleil monte au front de la colline,
Au milieu des splendeurs d'une aurore d'été ;
Il perce le feuillage, et le bois s'illumine
  D'un reflet velouté.

Les perles du matin tremblent au bout des herbes,
Et l'on croit en voyant les champs de fleurs couverts,

Que, de l'écrin des nuits, les étoiles en gerbes
Ont plu sur les prés verts.

Et l'oiseau matinal, élancé dans l'espace,
L'insecte bourdonnant sa chanson du matin,
Le papillon ouvrant à la brise qui passe
Ses ailes de satin,

Et l'humide gazon que la rosée argente,
Et la glèbe entr'ouverte où le soc resplendit,
Tout ce qui crie et court, tout ce qui vole et chante,
Tout se confond et dit :

« Béni soit le Seigneur, le Dieu bon et superbe,
Le Seigneur des moissons et des petits oiseaux,
Qui fit l'azur du ciel, l'émeraude de l'herbe,
Et l'argent des ruisseaux ! »

Pourquoi donc, ô matin ! tes lueurs irisées
Laissent-elles en moi place pour les douleurs ?
O nuits d'été ! pourquoi, dans vos fraîches rosées,
Trouvé-je aussi des pleurs ?

Oh ! si la fleur des champs que la brise caresse,
Et qui répand sa joie en parfum sous mes pas,
Me disait le secret de sa tranquille ivresse !...
Mais la fleur n'entend pas.

La fleur dilate au vent l'or de son étamine ;
Son ovaire fécond aspire avec amour

Le pollen odorant que sa sœur dissémine
Dans un rayon du jour.

Si le grillon pouvait, là-bas, dans la campagne,
M'apprendre le bonheur qu'il goûte en son sillon !
Mais il est loin, et chante à sa noire compagne
Son hymne de grillon.

Si l'oiseau qui sautille et court de branche en branche,
Et se montre et se cache, et gazouille au soleil,
Enseignait à mon cœur comment sur nous s'épanche
Un paisible sommeil !

Et comment on oublie, à l'abri de la feuille,
Que le printemps fut court et que l'été finit !
Mais il chante l'amour à sa fauvette, et cueille
Des herbes pour son nid.

Et moi je cherche en vain où reposer mon âme ;
Mon cœur est déchiré par d'intimes combats ;
Devant ce ciel si pur qui se remplit de flamme,
Je murmure tout bas :

« Mon Dieu ! dans mon sentier combien de feuilles mortes !
Combien, déjà, de ceux qui m'ont donné la main,
Qui m'ont instruit au monde et m'ont ouvert ses portes,
Sont restés en chemin !

« J'ai vu leurs pâles fronts désormais taciturnes,
Et sous l'aile du temps disparus sans retour,

Ainsi que la lueur de ces astres nocturnes,
S'effacer tour à tour.

« La nuit s'en va saisir les derniers dans son voile ;
Je me vois isolé dans l'espace éclairci,
Mélancolique et tel que la dernière étoile,
Prêt à m'éteindre aussi ! »

C'est ainsi qu'agité par ma pensée austère,
Sous le bois verdoyant où fleurit le glaïeul,
Rêvant à l'avenir, je marche solitaire,
Et triste d'être seul.

ENVOI.

A vous ces vers, enfants d'une heure de tristesse !
Mais, tout empreints qu'ils soient d'une sombre langueur,
Ne croyez pourtant pas que je pleure sans cesse,
Et que toute espérance a délaissé mon cœur.

Lorsque je vous revois, dans votre gai parterre,
Au milieu de vos fleurs d'azur, de pourpre et d'or,
Je crois qu'il est pour nous du bonheur sur la terre,
Je crois que l'homme est bon, et que Dieu l'aime encor ;

Car votre cœur est pur comme le frais dédale
De ces fleurs que Dieu montre à notre œil enchanté ;
Et, sur votre passage, autour de vous, s'exhale
Un parfum de tendresse et de sérénité.

Oh ! vous êtes si bonne ! oh ! quelle peine amère
Ne s'adoucirait pas avec votre pitié !
Vous avez le sourire et l'âme de ma mère ;
Comme elle, vous avez des trésors d'amitié.

Je me sens plus heureux lorsque le jour fidèle
Vers votre toit champêtre a ramené mes pas,
Et lorsque je reviens demander ma parcelle
De ces trésors du cœur qui ne s'épuisent pas !

  Limeil, juillet 1840.

SOYEZ MA SŒUR

Je ne l'ai point connu ce nom charmant de sœur ;
    Jamais une voix pure et chère
D'un accent féminin, parlant avec douceur,
    Ne m'a donné le nom de frère.

Mais souvent m'apparaît, songe délicieux,
    Cette sœur en vain espérée,
Et j'entends sa parole et je vois, sous mes yeux,
    Resplendir sa forme adorée.

Je la vois jeune, belle, et séduisant chacun
    Sans même songer à séduire ;
Comme la fleur qui brille ignorant son parfum
    Et qui s'étonne qu'on l'admire.

Lorsqu'en moi j'ai créé la sœur que j'aimerais,
    Frêle ébauche qu'un souffle enlève,
Lorsque de traits choisis j'ai composé ses traits,
    Je me prends à chérir mon rêve.

Je l'aime de l'amour dévoué qu'on ressent
  Pour son enfant ou pour sa mère ;
Et l'apparition que je vais caressant
  N'est plus peut-être une chimère.

Cette sœur tant cherchée, Amélie, est-ce vous ?
  Vivant près de vous je m'enivre
De je ne sais quel charme inexprimable et doux,
  Et je me sens heureux de vivre.

Vous faites toujours bien. Vos moindres mouvements
  Ont une grâce qui me touche ;
Les mots tristes ou gais, me semblent plus charmants
  S'ils ont passé par votre bouche.

Le chant que vous aimez emprunte à votre voix
  Un attrait que n'ont pas les autres,
Et le clavier d'ivoire a, sous les autres doigts,
  Un son moins pur que sous les vôtres.

Mais ce que j'aime en vous, ce n'est pas la beauté
  De ce visage qu'on adore ;
Car je vois à travers resplendir la clarté
  De votre âme plus belle encore.

D'une longue paupière aux cils de velours noir,
  Votre prunelle est enchâssée ;
Qu'importe ! Je ne cherche en ce vivant miroir
  Qu'un reflet de votre pensée

Votre lèvre s'entr'ouvre et fait briller vos dents,
    Ces perles de votre sourire...
Moi, je prête l'oreille à ces mots abondants
    Où votre cœur parle et respire.

Oh! vous pourrez vieillir! Pour les indifférents,
    Vous pourrez n'être plus la même;
Les jours n'engloutiront, dans leurs flots dévorants,
    Aucun débris de ce que j'aime.

Car je l'aurai connu ce nom charmant de sœur;
    Car une voix suave et chère,
D'un accent féminin, parlant avec douceur,
    M'aura donné le nom de frère.

LES
SYLPHES DES FEUILLES

BALLADE
COMPOSÉE SUR UNE MÉLODIE ARABE.

Dès que la saison verte
  Vient nous ombrager,
Sous la feuille entr'ouverte
  Au bois, au verger,
Le zéphyr de l'aurore,
En soufflant, fait éclore,
Habitant incolore,
  Un sylphe léger.

Toute feuille flexible
  Que l'on voit frémir,
Cache un sylphe invisible
  Prompt à s'y blottir.
Feuille et sylphe tout tremble ;
Même sort les rassemble ;

Ils devront vivre ensemble,
  Ensemble mourir.

Lorsque le vent, leur père,
  Frémit dans les bois,
Au fond de leur repaire
  Émus à la fois,
Les sylphes du feuillage,
Agitant leur ombrage,
Mêlent un frais langage
  A sa grande voix.

Si, le matin, s'exhale
  Des bois un doux bruit,
C'est leur voix idéale
  Qui vient et s'enfuit.
Quand le jour va se clore;
Dans la forêt sonore,
Ils soupirent encore
  L'hymne de la nuit.

Quand seul dans l'ombre obscure
  Chante un rossignol,
Si quelque frais murmure
  A rasé le sol,
Si le tremble palpite,
C'est qu'un lutin s'agite
Sous la feuille petite,
  Son vert parasol.

Quand l'aile de l'orage

Assombrit les champs,
La stupeur décourage
Leur joie et leurs chants;
Puis la tempête gronde,
Et l'on entend, sous l'onde,
Dans la forêt profonde,
Leurs soupirs touchants.

L'été fuit infidèle;
La feuille jaunit;
Chaque sylphe ainsi qu'elle
Tremble et se ternit.
Il n'a pour chant d'automne
Qu'un soupir monotone;
Le bois perd sa couronne....
Tout meurt! tout finit!

Le pâtre solitaire,
Sous son pied vibrant,
Fait résonner à terre
Le feuillage errant.
Chaque plainte que pousse
La feuille sur la mousse,
Est la voix faible et douce
D'un sylphe expirant.

Un effort de la bise
Parfois en passant,
Réveille et galvanise
Leurs amas gisant.

Et, dans sa feuille blonde,
Au vent qui le seconde,
Chaque sylphe à la ronde
 Tournoie en dansant.

Mais le joyeux cortége
 Retombe tremblant.
Seul bientôt sur la neige
 L'autan va sifflant.....
Dans vos feuilles roulées,
Doux sylphes des vallées,
Dormez, troupes voilées,
 Sous un linceul blanc !

LES
FUNÉRAILLES
DE MADAME LŒTITIA BONAPARTE

Elle fut ensevelie à Rome, en février 1836, sans pompe et presque furtivement

A CAMILLE DOUCET

Le glas des morts gémit sous les sombres portiques ;
Rome, pourquoi trembler sous tes marbres antiques,
    Sous l'hiver qui glace tes bords ?
La cloche au Vatican tinte pour une femme.
Rome, crains-tu ce corps que la terre réclame,
    Et les morts font-ils peur aux morts ?

Que tu devrais pleurer, du haut des sept collines,
Sur le char noir qui passe à travers les ruines,
    Sur le linceul battu des vents !
Tu le laisses aller seul sous la froide neige....
Viennent, viennent les morts lui former un cortége,
    Que lui refusent les vivants !

Secouez les lambeaux qui couvrent vos visages;
Levez-vous à ma voix, héros des anciens âges,
  Du Forum au mont Quirinal !
Le voyez-vous ce char, qui roule sans escorte?
Guerriers, suivez-le tous, car celle qu'il emporte
  C'est la mère d'un Général !

Fabius, Scipion, prenez vos laticlaves;
Et toi, Germanicus, toi le dernier des braves,
  Lève-toi, vainqueur d'Irminsul !
Levez-vous, et formez des pompes funéraires,
Vous tous, antique honneur des faisceaux consulaires;
  Car c'est la mère d'un Consul !

Sortez de vos tombeaux, cohortes désarmées;
Relevez-vous, débris des antiques armées,
  Soldats, dont l'essor dévorant,
Dans le monde embrasé passant comme la foudre,
Ne laissait après soi qu'un tourbillon de poudre,
  C'est la mère d'un Conquérant !

Sortez de vos tombeaux, de Gadès au Caucase,
De Thulé la neigeuse aux bords brûlants du Phase,
  Peuples dont son fils fut l'effroi.
Venez, vous qui dormez sous un linceul de glace,
Et vous dont le semoûn a dévoré la face,
  Venez, c'est la mère d'un Roi !

Sortez de vos tombeaux devant ce char qui passe,
Au trône impérial vous tous qui prîtes place;
  Levez-vous pour lui faire honneur,

Vous surtout qu'une gloire immortelle accompagne,
César, Trajan, Titus, Constantin, Charlemagne,
  C'est la mère d'un Empereur !

Et vous qui, de l'exil sur la rive étrangère
Jusqu'à la lie avez vidé la coupe amère,
  Venez à ce seuil isolé.
Vous tous qu'un pays sourd aux cris de la nature,
Laissa vivants, sans pain, et morts sans sépulture,
  C'est la mère d'un exilé !

Si la peur met obstacle à vos cérémonies,
Hâtez, prêtres, hâtez les saintes litanies,
  Mais versez du moins quelques pleurs ;
Car on lui refusa cette faveur dernière
D'accompagner son fils sur le lointain Calvaire,
  Cette autre mère de Douleurs.

Et toi, toi seul pouvais, antique Capitole,
Aux plaintes de l'airain qui dort sous ta coupole
  Éveiller le saint Panthéon.
Toi seul aussi pouvais, ô Vatican de Rome !
Bénir après sa mort la mère du grand homme,
  La mère de Napoléon !

Mais non, ils ont eu peur qu'une ombre menaçante,
Une ombre à l'œil ardent ne se levât géante,
  Comme un aigle sur un écueil....
Ils ont eu peur, ô honte ! ils ont craint un fantôme !.....
Où donc est Annibal ? qu'on lui dise que Rome
  A peur d'une ombre et d'un cercueil !

BÉATRICE

SONNET DE DANTE ALIGHIERI

> Tanto gentile e tanto onesta pare
> La donna mia quand' ella altrui saluta, etc.
> DANTE. (*Vita Nuova.*)

Pour saluer quand, d'un air gracieux,
De son blanc voile elle écarte les franges
Et vous sourit; plein de troubles étranges,
On fait silence et l'on baisse les yeux.

Elle s'avance, au milieu des louanges,
Le front empreint de la pudeur des cieux;
Par l'Éternel envoyée en ces lieux
Pour nous montrer le plus divin des anges.

Son œil répand la joie au fond du cœur;
Elle paraît et brillante on l'admire;
On aime, on suit son ascendant vainqueur;

Sa lèvre rose en souriant respire
Un doux parfum d'amour et de langueur
Qui va disant à notre âme : Soupire!

L'AME EN PEINE

LÉGENDE

Vous qui priez, cœurs pleins de foi,
Chrétiens, ayez pitié de moi.

En traversant le cimetière,
Quand sur les champs s'étend la nuit,
Si vous voyez une lumière
Sur les tombeaux voler sans bruit,
Priez pour moi, car c'est mon âme
Qui souffre et gémit en péril ;
Donnez, pour finir son exil,
Les oraisons qu'elle réclame.

Vous qui priez, cœurs pleins de foi,
Chrétiens, ayez pitié de moi.

C'est moi qui suis la pauvre fille
Dont le corps fut jeté tout seul,

Loin des tombeaux de la famille,
Sans prières et sans linceul.
Ce n'est point la terre bénite
Qui couvre mes restes flétris,
Et l'on s'éloigne avec mépris
Du coin sombre où gît la proscrite.

Vous qui priez, cœurs pleins de foi,
Chrétiens, ayez pitié de moi.

J'aimerais à dormir blottie
Sous un gazon épais et doux.
Je n'ai que la ronce et l'ortie ;
Mon lit est chargé de cailloux.
Au printemps un rosier sauvage
L'an dernier y vint à fleurir ;
Mais les enfants l'ont fait périr,
En arrachant fleurs et feuillage.

Vous qui priez, cœurs pleins de foi,
Chrétiens, ayez pitié de moi.

Une fauvette, sous la ronce,
Fit un nid d'herbe et de duvet ;
Déjà l'oiseau, joyeuse annonce,
Avait trois petits qu'il couvait.
Leurs chants me semblaient des prières
Que le Seigneur devait bénir ;
Mais les passants, pour me punir,
Les ont tués à coups de pierres.

L'AME EN PEINE.

Vous qui priez, cœurs pleins de foi,
Chrétiens, ayez pitié de moi.

De ton cœur tu m'as renvoyée
Toi-même, ingrat, que j'aimais tant,
Toi pour qui je me suis noyée
Sous les roseaux du grand étang.
Hélas ! mon âme inconsolée
De ce monde a voulu sortir ;
Mais dans un cri de repentir
Elle s'est du moins exhalée.

Vous qui priez, cœurs pleins de foi,
Chrétiens, ayez pitié de moi.

Dieu seul a connu le mystère
Et de mon crime et de mon deuil,
Aucun prêtre n'osa sur terre
Jeter l'eau sainte à mon cercueil.
Seule une femme en habit sombre,
Fuyant les regards, vient parfois
Pleurer sur ma tombe sans croix,
Et m'appeler tout bas dans l'ombre.

Vous qui priez, cœurs pleins de foi,
Chrétiens, ayez pitié de moi.

Bien loin des célestes royaumes,
Rebut des vivants et des morts,
Lorsqu'à l'église on dit les psaumes,
J'écoute et je reste au dehors.

De tout bonheur dépossédée,
Je voltige entre les barreaux,
Et viens me heurter aux vitraux,
Comme une hirondelle attardée.

Vous qui priez, cœurs pleins de foi,
Chrétiens, ayez pitié de moi.

Mais que vois-je à l'autel? Le prêtre
Jette l'eau sainte sur un corps.
Le vent a poussé la fenêtre ;
Je prends part aux pieux accords.
Du cercueil une voix m'appelle :
C'est ma mère ! ô Dieu tout-puissant !
Elle est morte en me bénissant,
Et j'obtiens mon pardon par elle.

Merci, mère au cœur plein de foi,
Qui seule as prié Dieu pour moi.

SIMPLICITÉ

A MARIE DÉSIRÉE.

Quand je vous dis que vous êtes charmante,
Vous semblez rire et douter de ma foi ;
Pourtant ma voix est vraie autant qu'aimante,
Et c'est mon cœur qui le dit avant moi.

Vous n'êtes point de ces beautés coquettes
A qui le temps prendra tous leurs appas,
Qui passeront ainsi que leurs toilettes :
On les admire, on ne les aime pas.

Vous n'êtes point comme ces fleurs pompeuses
Dont la fierté semble insulter chacun,
Qui lèvent haut leurs têtes orgueilleuses,
Riches d'éclat et pauvres de parfum.

Vous imitez l'aimable violette
Qui sous sa feuille aime à se retirer ;

Mais que l'on cherche en son humble cachette
Et dont l'odeur est douce à respirer.

Il est en vous une grâce modeste,
Charme caché qu'on trouve avec bonheur.
Je ne sais quoi de simple et de céleste,
Comme un parfum qui s'élève du cœur.

C'est pour cela qu'à jamais je vous aime,
Que ma pensée en tout lieu suit vos pas ;
Et, dites-moi, vous, mon espoir suprême,
Pour tant d'amour ne m'aimerez-vous pas ?

SOUS UN TOIT DE CHAUME

ÉLÉGIE

COURONNÉE PAR L'ACADÉMIE DES JEUX FLORAUX

Sur le bord de la route il est une chaumine
Qu'entoure un enclos vert, qu'un cerisier domine,
      Couvert de fruits rougis;
Son faîte est couronné de ces fleurs, de ces lierres
Dont le printemps se plaît à parer les chaumières
      Et les pauvres logis.

Lors du dernier avril, au temps des pâquerettes,
Quand les mouches sur l'herbe aux mobiles aigrettes
      S'ébattent par milliers,
Sous ce toit demeurait une enfant du village,
Plus fraîche que les fleurs, plus vive et plus volage
      Que l'oiseau des halliers.

Comme elle était alors séduisante et jolie!
Que de grâce, d'amour et de mélancolie

Dans ses deux grands yeux bleus !
Moins douce est la lueur des lampes solitaires
Qui répandent dans l'ombre au fond des sanctuaires,
Un rayon nébuleux.

Avec ses dents de nacre, avec son teint de pêché,
Comme elle souriait, dans sa toilette fraîche
Négligée à dessein !
Combien la regarder était charmante chose,
Et combien elle était plus rose que la rose
Attachée à son sein !

On la voyait joyeuse à la fenêtre ouverte,
Sur le banc de la porte, ou sous la treille verte
Travailler et chanter.
Quand par un beau matin on côtoyait la haie,
Devant tant de candeur et tant de gaîté vraie,
Il fallait s'arrêter !

Et l'écho redisait son chant souple et facile,
Et le passant restait sur la route, immobile,
Son bâton sur le sol,
Ne sachant si la voix qu'il écoutait de l'âme
Était en vérité la chanson d'une femme
Ou bien d'un rossignol.

Tandis qu'il demeurait arrêté, la folâtre
Dans le feuillage épais, à son œil idolâtre
Se cachait avec soin,
Puis se taisait et puis, tout à coup, sous la vigne,

Capricieusement montrait son cou de cygne
Et souriait de loin.

Mais quand le mendiant, chancelant et sans guide,
Passait vers le midi sur le chemin aride,
　　　Sous le soleil en feu,
Elle accueillait du cœur sa plainte abandonnée,
Et rompait avec lui ce pain de la journée
　　　Que l'on demande à Dieu.

Le pauvre s'arrêtait avec un long sourire ;
Délassant ses pieds nus que la ronce déchire
　　　Et ses membres perclus ;
Puis, lorsqu'il reprenait sa pesante besace,
Longtemps encor des yeux elle suivait sa trace,
　　　Triste et ne chantant plus !

Juillet finit à peine : eh bien ! devant sa porte,
Voyez la jeune fille assise, demi-morte,
　　　Au soleil sur le seuil,
Laissant errer ses yeux qu'ici-bas rien n'arrête,
Faible, pâle, immobile, et déjà comme prête
　　　A descendre au cercueil.

Son teint ne rougit plus que des feux de la fièvre,
La brûlante insomnie a séché sur sa lèvre
　　　Le rire et la chanson ;
Elle meurt, pauvre épi rongé dans sa racine,
Qui jaunit sans mûrir, se dessèche et s'incline
　　　Bien avant la moisson !

Le pauvre et le passant sur le chemin écoutent,
Cherchent des yeux l'enfant belle et rieuse, et doutent,
    Et retardent leurs pas.
Elle est là devant eux l'enfant belle et rieuse,
Et l'indigence même, à son tour oublieuse,
    Ne la reconnaît pas.

Voilà donc ce que sont la jeunesse et la joie !
Qui pourrait aujourd'hui passer par cette voie
    Sans fléchir les genoux ?
La mort reprend si tôt ce que la vie accorde !.....
Seigneur, Dieu de clémence et de miséricorde,
    Ayez pitié de nous !

CONFIDENCE

L'un près de l'autre assis, par un beau soir d'été,
Au versant d'un coteau de tout bruit écarté,
Nous respirions des champs l'haleine parfumée.
Moi, déjà tout épris d'une vaine fumée,
Je lui contais mes vers et mes rêves du jour ;
Plus poëte que moi, lui me parlait d'amour.
Tantôt m'entretenant tout bas et côte à côte,
Tantôt l'œil inspiré, debout, d'une voix haute;
Selon qu'il avait peur d'un passant indiscret,
Ou qu'avec plus de force en lui l'amour vibrait,
Il me disait la fleur ou donnée ou reçue,
Le bal où, gracieuse, il l'avait aperçue,
Ses craintes, son espoir fondé sur un souris,
Et tous ces riens si chers aux cœurs vraiment épris.

— « Oh ! disait-il, combien elle était fraîche et belle !
Que de fois mes regards se sont tournés vers elle !
J'enivrais à la fois et mon cœur et mes yeux
A voir ses mouvements souples et gracieux,

Son visage adoré qui parfois se colore
D'une chaste rougeur qui l'embellit encore,
Et ce blanc vêtement, dont la simplicité
Donnait un nouveau charme à sa jeune beauté !

« C'était hier, au bal. Les danses enivrantes
L'entraînaient tour à tour dans leurs courbes errantes,
Elle cédait rieuse, et livrait à loisir
Son âme jeune et vierge aux attraits du plaisir ;
Elle était tout entière à la gaîté folâtre.
Sur son front calme et pur, aussi blanc que l'albâtre,
N'apparaissait aucun de ces plis ombrageux,
Éclairs venus du cœur lorsqu'il est orageux ;
Ses cheveux bruns étaient son unique couronne.
A la voir, je croyais rêver cette Madone
Que, sur la toile sainte, anima Raphaël
D'un amour de la terre et d'un rêve du ciel.
Ses yeux, double rayon échappé de son âme,
Autour d'elle versaient une aussi douce flamme
Que deux astres jumeaux dont le ciel brille au soir ;
Auprès d'elle chacun s'empressait pour la voir ;
Mon cœur était jaloux de qui s'approchait d'elle,
Et s'en allait disant tout bas : Comme elle est belle !

« Oh ! si ces yeux divins, qui me font tant d'émoi,
Consentant quelque jour à s'abaisser vers moi,
Découvraient ce secret qui, de mon âme en peine
Déborde comme l'eau d'une coupe trop pleine ;
Si, devinant des vœux exprimés à moitié,
Elle acceptait de moi plus que de l'amitié,

Et, devenant enfin un écho de moi-même,
Me répondait un jour en me disant : Je t'aime !

« Je t'aime ! Est-il possible ? Oh ! dans mon faible cœur,
Je n'aurais point de force et mourrais de bonheur !
Qu'ai-je dit ? Ce n'est pas un tel bonheur qui tue.
Comme il rendrait la force à mon âme abattue !
Comme s'élanceraient, en ces heureux instants,
Tous mes vœux les plus chers étouffés trop longtemps !
Alors, m'abandonnant à tant d'ivresse en proie,
Je verserais des pleurs, mais d'espoir, mais de joie !

« Alors, adieu soucis, dans l'âme comprimés ;
Adieu, fantômes vains, rêves inanimés ;
Adieu, songes légers inclinés sur ma couche !

« Je t'aime ! Pour ce mot échappé de sa bouche,
Que je voudrais donner mon plus cher souvenir,
Donner tout mon passé, donner, dans l'avenir,
Une moitié des jours qui me restent à vivre,
Pour passer l'autre auprès de celle qui m'enivre !

« Hélas ! tant de bonheur pour moi sera-t-il fait ?
Voudra-t-elle me croire et m'aimer en effet ?
Pourquoi Dieu, sur ce cœur qui palpite avec force,
N'a-t-il pas voulu mettre une moins rude écorce ?
On m'aimerait alors !... Oh ! ne l'accusons pas !
Mon Dieu ! vous ouvrirez le chemin sous mes pas ;
Maître de mon destin, vous savez ma souffrance,
Et je place en vous seul toute mon espérance ! »

Il disait. Si pourtant dès lors il avait su
Combien il devait être affreusement déçu !
Sous le sourire aimant, sous les yeux pleins de flamme,
S'il eût vu le cœur sec et la froideur de l'âme,
S'il n'avait pas été si follement épris,
Il n'eût pas tant souffert!... Hélas! eût-il compris
Que rien ne palpitait sous ce charmant visage?
Et de sa vaine erreur averti par un sage,
N'aurait-il pas traité d'impie et d'envieux
Celui dont la prudence eût dessillé ses yeux?

Cependant lorsqu'il vint, confiant et sincère,
Offrir sa main loyale à cette enfant si chère;
Lorsque arriva le jour de répondre enfin : Oui !
Elle avait fait un choix... et ce n'était pas lui.

DITES-LE-MOI

Si vous voyez une étoile,
Qui scintille au firmament,
Comme sur l'azur d'un voile
    Un diamant;
Une étoile à la lumière
Plus douce qu'une prière,
Plus radieuse qu'un roi :
    Dites-le-moi.

Si vous voyez d'aventure
Un sourire gracieux,
Une brune chevelure
    Et deux beaux yeux,
Un délicieux visage
Que l'on admire au passage,
Et qui ne sait pas pourquoi :
    Dites-le-moi.

Car dans l'étoile qui brille
Sont les destins de mes jours,

Dans la brune jeune fille
     Sont mes amours.
Tout me sera-t-il fidèle?
Mon étoile est-elle belle;
Ai-je bien placé ma foi;
     Dites-le-moi?

A UN POËTE

Vous savez aimer la nature
Et le calme animé des bois
Sous leur verdoyante ramure ;
Pour vous, la brise qui murmure
A de mystérieuses voix.

Et moi, quand le zéphyr se glisse
Sur les fleurs roses des buissons,
Je crois entendre avec délice
Un petit Sylphe, en leur calice,
Chanter de suaves chansons.

J'écoute la source argentine
Où l'herbe se mire dans l'eau,
Et j'y vois la bleuâtre Ondine,
Qui roule, d'une main lutine,
Les cailloux polis du ruisseau.

Je saisis jusque sous la terre
Des chants de nul autre entendus ;

Soupirs du Gnome solitaire
Qui, dans les bois avec mystère,
Garde les vieux trésors perdus.

Partout, aux forêts, sur la grève,
Dans l'onde, la terre et les cieux,
J'évoque ces enfants du rêve,
Troupe légère qui m'enlève
Dans un monde mystérieux.

Pour moi chaque herbe cache un drame;
Tout se transforme à chaque pas;
A travers un prisme de flamme,
Je vois dans chaque chose une âme
Que le vulgaire n'y voit pas.

Ainsi dans votre poésie,
Dans vos chants toujours purs et frais,
Il me semble à ma fantaisie
Des fleurs respirer l'ambroisie,
Entendre le bruit des forêts.

Chaque vers, qui s'enlace et penche
Dans cet harmonieux faisceau,
Me semble une ondoyante branche
Où luit mainte fleur rose et blanche,
Où gazouille maint nid d'oiseau.

Balancé par leur mélodie,
Je songe aux riantes couleurs

A UN POÈTE.

Des pommiers de ma Normandie,
Berçant à la brise attiédie
Leurs rameaux parfumés de fleurs.

Oh! faites-moi rêver encore!
Faites-moi me ressouvenir,
Aux chants de votre voix sonore,
Que bientôt les fleurs vont éclore,
Que le printemps va revenir.

Mars 1852.

MÉLANCOLIE

SONNET

Ses grands yeux noirs, pensifs et veloutés,
Nagent baignés dans un brillant fluide ;
Et la lumière y pose un point humide,
Un diamant aux tremblantes clartés.

Mais son sourire a de tristes beautés,
Sa gaîté voile une douleur timide ;
L'âme que Dieu mit dans ce corps splendide
Porte le deuil des cieux qu'elle a quittés.

Prêtez l'oreille à sa voix musicale :
C'est une harpe aux chants mélodieux,
Mais dont toujours un son plaintif s'exhale.

Quel deuil secret rend ce cœur soucieux ?
Dieu seul connaît cette énigme fatale :
Vivre est un mal dont on guérit aux cieux !

9 décembre 1851.

CE QU'IL FAUT TAIRE

A MADAME MARIE C***

Vous m'avez dit : — « Point de paresse !
« Des vers ! le sujet m'est égal,
« Pourvu qu'ils portent mon adresse
« Et me parlent de moi sans cesse ;
« Mais surtout point de madrigal ! »

Telle était bien votre pensée ?
On pourrait contester d'abord
Le droit qu'une dame encensée
A de se trouver offensée ;
Mais passons, pour rester d'accord.

Ainsi je ne devrai pas dire
Qu'à peine vient-on à vous voir,
De vos yeux, de votre sourire,
Le charme imprévu nous attire
Comme l'alouette au miroir ?

Je dirai moins encor sans doute
Qu'à votre esprit piquant et fin
Un langage attrayant s'ajoute,
Si bien que, lorsqu'on vous écoute,
Votre pendule sonne en vain.

Ah! si je n'avais peur d'un blâme!
(Car vous usez de vos pouvoirs),
Je dirais ces éclairs de l'âme
Qui s'allument, rapide flamme,
Dans vos yeux, ces diamants noirs.

Je dirais que votre coiffure,
Imitant les replis de l'eau,
Fait penser à la chevelure
Qui s'enlace ondoyante et pure
Au front du marbre de Milo.

Ce chapelet aux grains de nacre
Enfermé dans un rouge étui,
Et qui vous vient de Saint-Jean-d'Acre,
Serait un charmant simulacre
De vos dents blanches comme lui.

De ce bijou que l'Italie
A ciselé dans le corail,
La courbe élégante et polie
Peindrait cette lèvre jolie
Qui sourit sous votre éventail.

CE QU'IL FAUT TAIRE.

Enfin cet éventail de Chine,
Émaillé de mainte couleur,
Sur votre bouche purpurine
Représenterait, j'imagine,
Un papillon sur une fleur.

Mais je redoute une escarmouche ;
Car, sur le tapis du salon,
Je vois un petit pied farouche
Piétiner dans cette babouche,
Que jalouserait Cendrillon.

Épargnez-moi, je vous en prie.
Vous voyez que je ne dis rien,
Rien même du nom de Marie,
Qui n'est pas une flatterie ;
Cœur pieux, il vous va si bien !

Et c'est tout cela qu'il faut taire
Si l'on craint de vous offenser ?
Eh bien ! nous en ferons mystère ;
Soumis à votre joug austère,
Nous nous tairons... pour y penser.

Non ! la vérité me tourmente,
Dût-elle vous mettre en courroux.
Dans mes vers il n'est rien qui mente ;
En trois mots : — « Vous êtes charmante ! »
Et si vous l'osez, fâchez-vous !

LA
JEUNE FILLE ET LES FLEURS

> L'âme de mille fleurs dans les zéphyrs semée.
> André Chénier.

Jeune fille des champs, vierge aux brillants cheveux,
Tu souris et ne sais, enfant, ce que tu veux.
Tu butines des fleurs dont tu pares ta tête,
Et seule tu te plais à des pensers de fête ;
Puis ces fleurs dont ta main, ta main aux légers doigts,
Entrelaçait les nœuds recommencés vingt fois,
Tu n'en veux plus ; ces fleurs si bien faites pour plaire
Soulèvent, et pourquoi? ta mutine colère.
Ton giron s'embaumait de leurs flots diaprés,
Et tu vois en dédain ces dépouilles des prés,
Et tes jeux enfantins en ont jonché la route,
Et le soleil les fane. O jeune fille, écoute !
N'entends-tu pas des voix, de faibles voix, tout bas,
Comme un soupir du vent murmurer sous tes pas?
Dans cet air pur qui joue autour de ton visage,
Enfant, ne sens-tu rien te toucher au passage?
Ce sont les voix, hélas, les spectres de ces fleurs
Mortes par toi, venant te chanter leurs douleurs :

— « Jeune fille cruelle entre les plus cruelles,
Pourquoi nous immoler? ne sommes-nous pas belles?
Sur le front de nos sœurs le soleil matinal
Laisse encor la rosée et l'éclat virginal.
Nous-mêmes nous n'avions, sous une douce haleine,
Qu'entr'ouvert nos boutons qui parfument la plaine :
Aucun hôte de l'air, aucune abeille encor
Ne s'étaient enivrés à nos calices d'or.
Le miel y reposait. Ce fut toi la première
Qui vins, qui respiras notre odeur printanière;
Tu nous cueillis, et nous qui n'avions pour fleurir
Qu'un matin, avant l'heure il nous fallait mourir.
Encor nous nous donnions avec joie en offrande,
Pour orner tes cheveux d'une fraîche guirlande,
Pour briller sur ton front, pour embaumer ton sein ;
Et voilà que tu vas, sans regret, sans dessein,
Nous semant par la plaine, où le vent, la poussière,
Et le pied du passant, cette injure dernière,
Flétriront sans retour nos pétales meurtris,
Qui jusqu'au soir peut-être auraient été fleuris !
Retourne-toi ! contemple un instant nos corolles
Rouvrant pour t'accuser leurs lèvres sans paroles;
Respire encor, respire un seul instant, rien qu'un,
Leur suprême soupir, leur suprême parfum;
Donne un dernier regret aux victimes gisantes
Qui sous tes pieds mutins périssent innocentes,
Et nos âmes de fleur en paix s'envoleront
Où tout fuit, où fuira la beauté de ton front;
Et ta jeunesse heureuse et la vive allégresse
Qui brille sur ta lèvre, ô folle enchanteresse !

Où fuiront tes désirs, tes rêves, ton amour,
Où toi-même... Imprudente! Ah! garde qu'à ton tour
Un être sans pitié comme toi ne te cueille,
Et jouet d'un instant sans remords ne t'effeuille! »

Or l'enfant s'en allait, rieuse, par les champs;
L'oreille inattentive aux reproches touchants,
Elle allait; et l'air pur, le parfum des campagnes,
Et les rires lointains de ses jeunes compagnes
L'excitaient à la joie, et sa distraite main,
Semant toujours ses fleurs, en jonchait le chemin.....

Mais quand elle revint sur le soir, sa figure
Était triste; ses pieds, dans la poussière impure,
Soulevaient cent débris informes et souillés,
Et le cœur gros de pleurs, les yeux de pleurs mouillés :

— « O mes fleurs! disait-elle, ô fleurs, si parfumées
Quand je vous effeuillais, quand je vous ai semées,
Ce matin, sur la route, où donc est votre éclat?
La poussière a terni ce contour délicat,
Le soleil a séché ces feuilles odorantes,
Et les passants oisifs, et les chèvres errantes,
Ont fait de vous, hélas! un objet de mépris;
Et moi-même... je pleure en foulant vos débris.
Combien un seul matin a changé mes pensées!
Je vous plains à mon tour, victimes dispersées,
Fleurs à qui le parfum ne peut être rendu.
Comme votre beauté, mon repos est perdu! »

Juillet 1849.

PENSÉE DE NUIT

Voici l'heure silencieuse,
Dans l'ombre le monde s'est tu.
O nuit! quels dons amènes-tu
A mon âme triste et rêveuse?

Le sol desséché par le jour
Boit ta fraîcheur tiède et charmante;
Pour la flamme qui me tourmente
N'as-tu pas un baume d'amour!

O nuit! quand l'absence m'enlève
Ma bien-aimée avec mon cœur,
Au moins, à défaut du bonheur,
Ne peux-tu m'en donner le rêve?

Porte, sur l'aile du sommeil,
Mes songes vers la jeune fille,
Dévoile-moi son œil qui brille,
Son visage frais et vermeil.

Je veux m'incliner sur sa couche,
Dans l'ombre deviner ses traits;
Je veux épier les secrets
Qui passent sans bruit sur sa bouche.

Son cœur sans remords et sans fiel
Ne peut voiler ou haine ou blâme;
Elle est pure comme la flamme,
Elle est belle comme un beau ciel.

Car toujours l'ange de lumière
Qu'elle prie et qui la conduit,
Lui fait son repos de la nuit
Aussi chaste que sa prière.

A MADAME G*** S***

Hier, j'étais aux champs; la soirée était pure;
Le feuillage naissant n'avait pas un murmure,
Et l'haleine du soir n'apportait d'autre bruit
Que la voix de l'oiseau qui soupire la nuit.
Au milieu de ces bois à la verdure tendre,
Bien longtemps j'écoutai, sans me lasser d'entendre,
Du rossignol caché l'hymne mélodieux,
Triste comme la terre et pur comme les cieux.
Soudain il s'envola; je vis, à travers l'ombre,
Passer l'oiseau chétif à l'aile grise et sombre.
Pourquoi, dis-je, le ciel n'a-t-il pas d'un beau corps
Vêtu cette voix pure aux limpides accords?

Ce soir la même voix a séduit mon oreille
Et, doublement charmé, ce soir je m'émerveille
Que le ciel ait pu joindre à d'aussi purs accents
Ce radieux visage et ces yeux ravissants.

Chantez, chantez encor, voix délicate et pure;
A défaut du ciel bleu, de la verte nature,

Pour vous entendre ici vous trouvez réunis
L'art, l'esprit, la beauté, que le ciel a bénis.
Cela vaut certes bien un bosquet solitaire ;
Vous n'avez pas besoin de l'ombre et du mystère :
Laissez au rossignol l'obscurité du soir ;
On aime à vous entendre, et l'on aime à vous voir.

SUR UNE HIRONDELLE

TROUVÉE MORTE DANS UNE CHAMBRE A LA CAMPAGNE

Hirondelle, qu'on trouva morte
Dès les premiers jours du printemps,
Dans cette chambre dont la porte
Fut close pendant si longtemps,

Comment demeuras-tu captive,
Lorsque après le dernier été,
Vers la tiédeur d'une autre rive
Tes sœurs volaient en liberté?

Pauvre oiseau, tu cherchais peut-être
Si quelqu'un de tes chers petits,
Moins que les autres prompts à naître,
Oubliait ses frères partis.

Peut-être, en ta course effarée,
Tu fuyais jusque sous ce toit
Quelque chasseur de la contrée
Au plomb plus rapide que toi.

Tandis qu'évitant la blessure,
Ton vol se doublait de ta peur,
La mort inévitable et sûre
T'attendait sous l'abri trompeur.

La fenêtre fut refermée,
Le maître quitta son logis.
Pour toi, prisonnière emplumée,
Plus de cieux par l'aube rougis;

Plus de ces longs cris d'allégresse
Qui saluaient les jours naissants;
Plus de ces nids que la tendresse
Venait repeupler tous les ans!

Adieu les étangs où ta plume
Ridait le bleu miroir du ciel,
Où tu recueillais sur l'écume
Des moucherons gorgés de miel.

Adieu les courses circulaires
Sur les murailles du manoir,
Autour des donjons séculaires
Rougis par le soleil du soir.

Quand tes compagnes fugitives,
Vers le sud prêtes à voler,
Redoublant leurs clameurs plaintives,
Sur les toits vinrent t'appeler,

SUR UNE HIRONDELLE.

En vain tu frappas de la tête
Les coins obscurs de ton cachot ;
En vain, tu cherchas inquiète,
Le soleil absent de là-haut.

Essayant la fuite impossible,
Le front à la vitre heurté,
Tu maudis ce mur invisible
Où se brisait ta liberté.

Enfin, haletante, éperdue,
Victime d'un suprême effort,
Tu tombas à terre, étendue,
En exhalant un cri de mort.

Repose en paix, pauvre hirondelle,
On a placé ton corps léger
Entre des rameaux, où ton aile
Semble encor prête à voltiger.

S'il est vrai que l'âme revienne
Vers le corps d'où la vie a fui,
Dans la demeure aérienne
Elle pourra planer sur lui ;

Et si, vers le soir, quelque branche
S'agite au murmure du vent,
Nous croirons voir ton âme blanche
Errer sur le tombeau mouvant.

Limeil, 28 juin 1847.

PHIALÉ

IDYLLE GRECQUE.

A M. FLORENTIN DUCOS.

O fille de Latone, ô reine au front d'argent,
Blanche Phœbé, protége un berger diligent !
Je ne vais point, bravant tes nocturnes mystères,
Allumer les flambeaux des amours adultères,
Ni, conduit par l'espoir d'un ténébreux larcin,
Préparer l'embuscade et le fer assassin ;
Je vais (c'est le seul but qui, si tard, me soutienne),
Pour plaire à Phialé la blonde Athénienne,
La jeune Phialé dont les cheveux dorés
Aux flammes de ton frère ont été colorés ;
Je vais surprendre un nid où dort une couvée,
Qui près d'elle vivra par mes soins élevée ;
Car naguère, passant près de ces arbrisseaux,
Phialé s'est complue aux chansons des oiseaux.

Toi, Phœbé, si jadis, en sa grotte dormante,
D'un berger comme moi tu daignas être amante,

PHIALÉ.

Si tu vins caresser de ton pâle rayon
Les beaux yeux assoupis du pâtre Endymion,
O déesse, entends-moi du haut de ton ciel vaste,
Prête-moi tes clartés, car mon amour est chaste,
Et dans mon cœur limpide il rayonne aussi pur
Que ton disque éclatant dans ce limpide azur!

Au mois de l'hécatombe, en nos Panathénées,
Quand de fleurs et de fruits les vierges couronnées,
Sur leurs têtes portant le miel et les gâteaux,
S'assemblent dès l'aurore au penchant des coteaux;
Puis traversant la ville en blanches Théories,
Vont à Minerve offrir les guirlandes fleuries,
Et le Peplum d'azur que leurs mains ont filé;
J'ai vu, je ne vois plus dès lors que Phialé.
Phialé! ton doux nom vient sans cesse à mes lèvres;
Au penchant de l'Hymette, où je conduis mes chèvres,
Je m'asseois et je cherche, en redisant ton nom,
L'humble toit de ta mère au pied du Parthénon.
Je néglige, en pensant à toi, vierge adorée,
Le soleil qui descend derrière le Pirée.
La nuit vient; le troupeau me demande en bêlant
Pourquoi vers le bercail le retour est si lent;
Et mon père s'écrie au seuil de sa demeure :
—« O l'amoureux berger, peu soucieux de l'heure! »

C'est toi, vierge aux yeux noirs, au visage vermeil,
C'est toi pour qui j'oublie et l'heure et le sommeil,
Toi pour qui, m'arrachant à ma couche lointaine,
Jusques à l'Ilyssus j'ai traversé la plaine.

Palès m'a laissé voir sous ces yeuses verts
Un nid où trois oiseaux d'un blanc duvet couverts
Se pressent dans la mousse et ne font que d'éclore.
Moi, tandis que leur plume inerte et faible encore
Dans le liquide éther ne peut les appuyer,
J'ai tressé de mes mains cette cage d'osier.
Je veux y réunir les petits et la mère,
Près d'eux elle oublîra la servitude amère ;
J'émietterai le pain et la graine pour eux,
Puis, enflant mes pipeaux, en des rhythmes nombreux,
Longtemps je chanterai, les instruisant moi-même,
A moduler pour toi les chants que ta voix aime.

Juin 1851.

JE PENSE A VOUS

A MARIE DÉSIRÉE.

Je pense à vous, ma jeune bien-aimée,
Quand le jour naît, quand la rose embaumée
S'ouvre au matin scintillante de pleurs,
Quand l'alouette ouvre son aile grise,
Vole en chantant, vole au ciel, sur la brise
    Et le parfum des fleurs.

Je pense à vous quand le soleil décline,
Quand le brouillard, sur la verte colline,
Étend au soir ses humides réseaux;
Quand la forêt a de plus doux murmures,
Et que la lune, à travers ses ramures,
    Argente les ruisseaux.

Je pense à vous lorsque l'éclair s'enflamme,
Et dis : — « Seigneur, des orages de l'âme
Épargnez-lui la fatigue et le fiel ! »
Quand le ciel bleu rayonne sur nos têtes,

Je pense à vous, mon ange, car vous êtes
　　Pure comme un beau ciel.

Je pense à vous aux pieds de la Madone ;
En implorant la Vierge qui pardonne,
C'est votre nom que je dis à genoux ;
J'espère alors que, sur ces mêmes pierres,
Pour moi, plus tard, vous aurez des prières...
　　J'ai tant prié pour vous !

Je pense à vous ; car sans vous point de joie ;
Sans vous, les jours que le Seigneur m'envoie,
Sombres ou purs, passent inachevés ;
Il n'est sans vous nul plaisir que j'envie ;
Mon cœur n'est plus en moi-même, et ma vie
　　Est toute où vous vivez.

Je pense à vous, que j'aille, que j'arrive,
Que je regarde, en rêvant sur la rive,
Le ruisseau fuir, comme fuiront mes jours ;
Je pense à vous, que je m'endorme ou veille ;
Triste ou joyeux, ô ma jeune merveille !
　　Je pense à vous toujours.

LA RONDE DES FÉES

BALLADE.

A JULES BAUDOT.

.....Subita incautum dementia cepit amantem.
Immemor, heu! victusque animi respexit...

Au couchant qui se décolore
Un dernier rayon luit encore
Et découpe en noir le coteau.
La nuit monte sur les collines ;
Un vieux berger, dans des ruines,
Rassemble en sifflant son troupeau.

Qui passe là-bas, dans la brume,
A travers le brouillard qui fume,
Sur la route qui mène au bois?
C'est un fils du prochain village,
Répétant, sur un air sauvage,
Un chant d'amour à pleine voix.

— « Où vas-tu, beau chanteur? Écoute!
L'ombre est mauvaise pour la route,

Dit au jeune homme le berger.
Crois-en ma vieille expérience;
A travers la forêt immense,
Si tard ne va pas t'engager. »

— « A qui va voir sa bien-aimée
Aucune route n'est fermée,
Répond le jeune homme au berger.
Voilà mon bâton de voyage;
Je suis aimé, j'ai bon courage,
Et je n'ai pas peur du danger. »

— « Imprudent! tu cours à ta perte!
La forêt, dans le jour si verte,
Est pleine de lutins la nuit.
Le Sylphe blanc, la Goule brune
Y vont danser, au clair de lune,
Avec le Follet qui reluit.

« Sur l'homme le démon s'y venge;
Je sais plus d'un récit étrange
De maints voyageurs inconnus
Qu'on a trouvés morts sur la place,
Et d'autres, partis pleins d'audace,
Qui ne sont jamais revenus.

« Tu pars en haussant les épaules!...
Crains l'endroit où, sous les vieux saules,
La route se partage en trois.
Là, sans regarder en arrière,
Passe en répétant ta prière,
Et fais le signe de la croix! »

LA RONDE DES FÉES.

La nuit venait brumeuse et sombre,
Il s'enfonça gaîment dans l'ombre
En chantant plus haut sa chanson.
La lune, au travers de chaque arbre,
Dardant sur lui son œil de marbre,
Le suit de buisson en buisson.

A peine son pied solitaire
Froisse-t-il quelque feuille à terre ;
L'écho ne répète aucun bruit
Que le sifflement de l'orfraie,
Dont la dolente voix effraie
Plus que le silence et la nuit.

A ce cri, qui semble une plainte,
L'âme d'un effroi vague atteinte,
Il se détourne, il a pâli.
C'est l'endroit de la triple route,
Où le ruisseau fuit goutte à goutte,
Sous les vapeurs enseveli.

A travers le brouillard d'opale,
Une apparition plus pâle
Que la pâle neige du Nord,
Du flot dormant où son pied plonge,
Monte, incertaine comme un songe,
Et se tient debout sur le bord.

La lueur de l'astre nocturne
Éclaire son front taciturne
Et semble glisser au travers ;

Un regard qui fascine l'âme
Sort, froid et pourtant plein de flamme,
De ses yeux fixement ouverts.

Nulle ombre à ses pieds ne s'étale ;
Autour de sa taille idéale
Flotte un vaporeux vêtement ;
Son front aérien se penche....
On dirait une rose blanche
Qui s'entr'ouvre languissamment.

— « Jeune et beau voyageur, dit-elle,
Où vas-tu quand la nuit est belle,
Quand la lune argente les fleurs ?
Tu cours vers une folle amante
Qui te séduit, qui te tourmente,
Et qui se raille de tes pleurs.

« Je sais un amour plus suave.
Viens à moi ! cesse d'être esclave,
Lorsque tu pourrais être roi.
Viens danser sur l'onde azurée,
Dormir dans ma grotte nacrée......
Viens, beau voyageur, viens à moi ! »

Alors son voile qui se lève
Laisse entrevoir, gracieux rêve,
Un sein tout palpitant d'émoi ;
Sa bouche lascive et mutine
A l'insensé qu'elle fascine
Redit : — « Viens à moi !... viens à moi !... »

Lui, frappé d'une folle ivresse,
Fait un pas vers l'enchanteresse.
Elle glisse sur le chemin,
Et plus prompte que la pensée,
Sa main, comme un serpent glacée,
Du villageois saisit la main.

Alors sortent, d'entre les saules,
Des Willis aux blanches épaules,
Des nains hideux aux pieds velus;
Alors par-dessus les ramures,
Des géants aux sombres armures
Élèvent leurs fronts chevelus.

Sur la rive et le long des îles,
Des myriades de reptiles
Roulent leurs replis menaçants;
Des poissons inconnus dans l'onde
Dardent, de leur prunelle ronde,
De longs regards phosphorescents.

Et tout à coup, sans bruit, commence
Une ronde rapide, immense,
Où le jeune homme est entraîné.
Séduit par un amour étrange,
Il avait renié son ange,
Et Dieu l'avait abandonné.

Vainement l'effroi le terrasse;
Vainement il demande grâce,
Emporté par des bras de fer

A travers la ronde éternelle
Qui tourne, enlaçant avec elle
Les mille démons de l'enfer.

Ses yeux se couvrent de ténèbres;
Mais des ricanements funèbres
Le contraignent de les rouvrir,
Et toujours cette même femme
Lui sourit de son œil infâme,
De sa main le force à courir.

Jusqu'au moment où le coq chante,
Il suivit la horde méchante,
Roulant dans cet orbe insensé.
De grand matin les lavandières,
Traversant le bois les premières,
Découvrirent son corps glacé.

Un grand cercle d'herbe fanée
Dessinait la place damnée,
Où les démons maudits de Dieu
Avaient dansé la nuit dernière;
Et, mort faute d'une prière,
Il était gisant au milieu.

CAMÉLIA

A MARIE DÉSIRÉE.

Pour vous voir, souriante au milieu de la fête,
En dépit des jaloux, attirer tous les yeux,
Que je voudrais pouvoir couronner votre tête
De ce que l'univers a de plus précieux !

Je n'ai que cette fleur aux pétales de soie ;
Mais vous l'accueillerez avec un doux souris,
Parce que vous savez combien j'aurais de joie
Si la main qui vous l'offre y donnait quelque prix.

Et vous serez charmante, ô ma seule adorée !
Rien qu'avec cette fleur parmi vos longs cheveux ;
Car vous êtes de grâce et de candeur parée,
Mieux qu'une autre d'atours et d'ornements pompeux.

Du monde indifférent qu'importe un vain hommage ?
Dieu, qui vous fit pour plaire et moi pour vous chérir,

N'a-t-il pas mis en vous, noble et divin partage,
Ce que l'argent et l'or ne peuvent acquérir?

N'a-t-il pas mis en vous une âme pure et belle,
Qui sourit dans ces yeux qu'avec bonheur je vois,
Qui chaque jour vous donne une grâce nouvelle,
Qui me trouble et m'enchante au son de votre voix?

N'a-t-il pas mis en vous, comme un pouvoir suprême,
Ce je ne sais quel charme irrésistible et doux,
Cet invincible attrait qui fait que je vous aime,
Et n'en puis désormais aimer d'autre que vous?

Allez! qu'avec gaîté le temps pour vous s'écoule!
Et songez quelquefois, au fond de votre cœur,
A celui qui vous voit du milieu de la foule,
Et dont tout le bonheur est dans votre bonheur.

L'ARC DE TRIOMPHE

DE L'ÉTOILE

POËME

Mentionné honorablement par l'Académie Française en 1837.

A LÉON RIVIÈRE

I.

« A l'œuvre, fils des Arts, enfantez un prodige !
Je veux un monument tout brillant du prestige.
    De notre siècle colossal.
Je veux qu'il soit un jour le blason de nos gloires,
Qu'il ait pour diadème un cercle de victoires,
    Pour fleuron l'aigle impérial !

« Il sera de Paris la plus noble couronne,
Rival du Panthéon, frère de la Colonne,
    Patrie, il sera ton autel !
Des temps accumulés il percera le voile,
Et je lui donnerai le nom de mon Étoile,
    Pour que son nom soit immortel ! »

Ainsi Napoléon, l'homme aux vastes idées,
Voyait son monument, déjà de cent coudées,
  Debout devant son œil de feu ;
Alors il ignorait la fortune infidèle,
Et rêvait dans son cœur la puissance éternelle...
  Il n'est rien d'éternel que Dieu !

Dix ans après, les Huns débordaient dans la ville,
Et sur le conquérant leur populace vile
  Versait l'injure et la fureur.
Débris inachevé du règne de son maître,
Le vaste monument, ruine avant de naître,
  Longtemps pleura son Empereur.

II.

Enfin, un Roi, jaloux d'un si noble héritage,
Adopta des lauriers que l'on voulait flétrir ;
Heureux de conserver aux Français d'un autre âge
  Ce qui ne doit jamais mourir.

Et l'œuvre s'accomplit ! calme après les tempêtes
  Le peuple, dans sa majesté,
Libre depuis six ans, resserrait par des fêtes
  Son pacte avec la liberté.

Le drapeau reconquis, éclatant météore,
Palladium de vie et d'affranchissement,
Déployait dans les airs sa flamme tricolore
  Sur le sommet du monument.

L'ARC DE TRIOMPHE.

Napoléon l'avait conçu dans sa puissance,
 Philippe l'avait achevé ;
La paix réalisait, avec magnificence,
 Ce que la guerre avait rêvé.

La foule applaudissait par des clameurs d'ivresse ;
Car une voix semblait nous dire : — « Venez tous !
Sur ce trophée altier que de gloire se presse !
 Toute cette gloire est à vous.

« Voyez comment les arts à la France fidèles
 Savent venger nos demi-dieux,
Et comment, héritiers des splendeurs paternelles,
 Nous éternisons nos aïeux !

« Lisez ces noms guerriers, ces listes triomphales ;
Ce sont vos chefs, et tous au-dessus des revers,
Ont toujours maintenu les balances égales
 Entre la France et l'Univers. »

III.

Sublime monument, redis-nous notre histoire ;
Ressuscite nos morts dans leur linceul de gloire ;
Que chacun appelé se réveille à son nom !
Rends-nous le grand Empire et ses combats épiques,
Et nos républicains, à peine armés de piques,
Soldats improvisés, grandis sous le canon !

Ils sont là, devant moi, ces jours de renommée;
Le peuple s'est levé, comme une seule armée :
— Où vas-tu donc, Guerrier? — Venger la liberté!
— Où vas-tu donc, Vieillard? — Mourir sur les frontières!
— Où vas-tu donc, Enfant? — Vaincre comme mes pères!
— Où vas-tu donc, Patrie? — A l'immortalité!

Comme, autour des drapeaux déployés sur leurs têtes,
Ils marchent de ce pas dont on marche aux conquêtes!
Comme, dans le combat, naissent les généraux!
Bellone au-dessus d'eux étend ses vastes ailes
Et leur montre de loin les palmes immortelles...
Ils sont partis soldats; ils reviendront héros!

IV.

Les voilà! les voilà, les enfants de la France,
Qui, vainqueurs et vengés, reviennent parmi nous!
Ces ennemis hautains, qui, dans leur insolence,
Se partageaient entre eux nos dépouilles d'avance,
Plus vils qu'ils n'étaient fiers, embrassent nos genoux.

Mais quel est ce héros que la gloire accompagne?
Victoire, il est ton fils; me diras-tu son nom?
S'appelle-t-il César, Cyrus ou Charlemagne?
— « Interroge les rois, du Caucase à l'Espagne,
Les rois épouvantés diront : — « Napoléon!... »

Est-ce un homme? est-ce Dieu lui-même ou son Prophète?
Hier, il n'était rien : il est tout aujourd'hui;

Il dort sur un canon ; la bataille est sa fête ;
Il moissonne la gloire ; il sème la défaite ;
Et l'Europe n'a plus de lauriers que pour lui.

V.

Mais sur combien de renommées
Il appuya son pied fatal !
Combien il écrasa d'armées
Pour s'élever un piédestal !
Clio, qui, sur ces vastes tables,
Burinas nos faits mémorables,
Redis à la postérité
Comment se gagnent les batailles,
Comment se font ces funérailles
Qui donnent l'immortalité.

Voici les plaines de Jemmappe,
Beau nom, parmi les noms guerriers.
L'ennemi succombe ou s'échappe ;
Tout tremble devant Dumouriez.
Combien de palmes le couronnent !
Combien de héros l'environnent,
Inaccessibles à l'effroi !
Un surtout brave la tempête.
O France, veille sur sa tête,
Un jour il veillera sur toi !

Là, quel est ce guerrier qui tombe,
Bien jeune pour sitôt mourir ?

Était-il donc fait pour la tombe,
Marceau, qui brillant d'avenir,
Quand le sort trahit son courage,
Pour se venger d'un tel outrage,
Ne voulut qu'un sabre nouveau ?
Il meurt, et l'ennemi sans haine
Vient, comme autrefois pour Turenne,
Bénir avec nous son tombeau.

Plus loin, c'est encor Bonaparte,
C'est le Corse au cœur de lion ;
C'est un fils de Rome ou de Sparte,
Léonidas ou Scipion.
Dans les plis du drapeau d'Arcole,
Comme un Dieu dans son auréole,
Il semble monter jusqu'aux cieux.
Il s'élance, il paraît, tout plie ;
Et les peuples de l'Italie
Baisent ses pieds victorieux.

Mais, dans son essor magnifique,
Le guerrier ne s'arrête pas :
Des vaisseaux! du fer ! en Afrique !
L'Europe a manqué sous ses pas.
Suis-le, Kléber, sans plus attendre,
La vieille cité d'Alexandre
A nos soldats résiste en vain.
Ils anoblissent la Patrie,
Et la palme d'Alexandrie
S'unit aux lauriers du Tésin.

L'ARC DE TRIOMPHE.

A mort les cavaliers Numides!
Quarante siècles réveillés
Ont vu, du haut des Pyramides,
Fuir leurs escadrons effrayés.
Aboukir encor les rassemble;
C'est qu'ils veulent mourir ensemble.
Secondez votre chef, soldats!
Entre ses mains la foudre gronde;
Il est aussi grand que le monde,
Quand vous le suivez aux combats!

Tout à coup, la France lui crie:
— « Sois consul, sois notre rempart! »
Il revient, venge la Patrie;
Et de consul se fait César.
Il ressuscite Charlemagne,
Il paraît; l'effroi l'accompagne.
Tremblez, Anglais, Prussiens, Strélitz!
Sa gloire, éblouissante aurore,
Grandit, monte, grandit encore.
Salut au soleil d'Austerlitz!

Qu'elle était radieuse et belle
La France de Napoléon,
Quand l'aigle écrasait d'un coup d'aile
Le léopard et le lion;
Quand, d'un œil rival de la foudre,
Il courbait les rois, dans leur poudre,
Autour du trône impérial,
Posant, au bruit de la fanfare,

Un pied sur Moscou la Tartare
Et l'autre sur l'Escurial !

VI.

Mais un seul jour fait pâlir ton étoile.
Rallume, ô Conquérant ! tes astres éclipsés.
    Sans boussole et sans voile,
Le vaisseau de l'État cède aux flots courroucés.

    La France, en proie aux angoisses mortelles,
Se relève, appelant ses fils... Cris superflus !
    Ses défenseurs fidèles
Sont glacés par la mort et ne répondent plus.

    Hélas ! hélas ! les grandeurs sont brisées,
Les gloires ont voilé leur sublime tableau ;
    Les villes épuisées
L'une à l'autre tout bas répètent : — « Waterloo ! »

    O Waterloo ! déplorable hécatombe !
Sur l'aigle impérial s'acharnent tous les rois.
    Il vole, combat, tombe...
Mais accable en tombant l'Europe de son poids !

VII.

France ! réveille-toi de tes douleurs stériles,
Tu n'as que trop pleuré tes morts des Thermopyles ;

Qu'ils dorment leur éternité !
L'abondance et la paix vers toi sont retournées,
Et le temps qui sourit berce tes destinées,
    Sur le sein de la liberté.

France ! je te salue impérissable et sainte !
Il me semble te voir, sur la sublime enceinte,
    Sentinelle de l'avenir.
Oui, te voilà debout, brillante d'auréoles ;
Tu parles, et tes fils écoutent tes paroles
    Dont le monde va retentir :

— « Peuple ! mon front est ceint d'un double diadème ;
Chaque jour qui se lève a par vous son baptême,
    Et son aurore de splendeur ;
Chacun de vous est grand, et le fils vaut son père ;
Chacun me glorifie et vient porter sa pierre
    Au monument de ma grandeur.

« Mais j'ai trop étendu ma puissance fatale ;
Sur le seuil mutilé de chaque capitale,
    La guerre a gravé mes exploits ;
Le sang des nations trop longtemps m'a trempée ;
C'est avec la parole et non avec l'épée
    Que je veux imposer mes lois.

« Suivez en liberté ma loi pieuse et juste.
Cimentez, par la paix, sous le sceptre d'Auguste,

De César l'empire guerrier.
Et je serai toujours la France souveraine,
Soit que je porte au front la couronne de chêne
— Ou la couronne de laurier ! »

LE
LIVRE OÙ VOUS PRIEZ

A MADAME AMÉLIE R***

Sur ce beau livre où vous priez,
Les fermoirs mêlent leur sculpture
Au velours de la couverture.
Au dedans l'or et la peinture
Courent en fleurons variés.
Il exhale une odeur que j'aime,
Peut-être un parfum de vous-même.
La prière est un bien suprême
Dans ce beau livre où vous priez.

De ce beau livre où vous priez
Si les feuillets aux cadres roses
Étaient des lèvres demi closes,
Ils nous diraient toutes les choses

Que bien bas vous leur confiez.
O que d'aspirations saintes,
D'espérances, de vagues plaintes
Dorment, confusément éteintes,
Dans ce beau livre où vous priez !

Quand ce beau livre où vous priez
Reçut d'abord votre pensée,
Une larme, douce rosée,
Tomba de vos yeux d'épousée
Sur les feuillets armoriés.
Puissiez-vous, loin de tout orage,
Ne pleurer jamais de naufrage,
Et ne pas mouiller d'autre page
Dans ce beau livre où vous priez.

Dans ce beau livre où vous priez,
Quand votre œil attentif regarde,
Que votre bon ange vous garde,
Que nul obstacle ne retarde
Vos vœux toujours sanctifiés !
Chrétienne aux paroles bénites,
Bien heureux ceux pour qui vous dites
Les saintes oraisons écrites
Dans ce beau livre où vous priez !

25 janvier 1851.

LA COLOMBE BLANCHE

— Dis-moi, dis-moi, colombe blanche,
Qu'es-tu, toi qu'on aime toujours?
Viens à moi de la haute branche,
De l'espace immense où tu cours!

— Ma patrie est aux cieux; la terre
N'a jamais touché mes pieds nus.
En Grèce je fus Pérystère,
Blanche compagne de Vénus.

Mahomet aux croyants fidèles
Me montre au milieu des Houris,
Et l'Inde croit que sous mes ailes
Brahma réchauffe les Péris.

Le Christ m'orna d'une auréole,
Et j'apparais sur les autels
Comme un mystérieux symbole
Au-dessus du sens des mortels.

C'est moi qui porte la couronne
Et du martyre et du bonheur;
J'aime, je bénis, je pardonne,
Je suis l'Esprit saint du Seigneur.

Je suis cette blanche colombe,
Qui sauve et console toujours,
Oiseau du ciel et de la tombe,
Oiseau des dernières amours.

Au pauvre tremblant dans la boue
J'envoie un peu de l'or d'Ophir,
Au roseau que le vent secoue
Je ramène un plus doux zéphyr.

Au magistrat je dis : — « Fais grâce! »
Au pontife : — « Sache bénir! »
A l'homme heureux : — « Le bonheur passe! »
Au malheureux : — « Il va venir! »

Au tombeau qui de pleurs s'arrose,
Je dis : — « Fais, tombeau triste et noir,
De chaque pleur naître une rose,
De chaque douleur un espoir. »

Je suis cette blanche colombe,
Qui sauve et console toujours,
Oiseau du ciel et de la tombe,
Oiseau des dernières amours.

LA COLOMBE BLANCHE.

— Blanche colombe qui consoles,
Accours à moi d'un vol léger.
Écoute, écoute mes paroles ;
Je sais des maux à soulager.

Auprès d'une champêtre église,
Dans le champ d'éternel repos,
Une croix de bois est assise
Entre des lis et des pavots.

Sans doute une lumière sainte
Devra te guider dans ces lieux,
D'où, lorsque la vie est éteinte,
L'âme s'élance vers les cieux ;

Car c'est là que, du corps de fange,
L'âme de l'enfant regretté
S'éleva, comme un lis qu'un ange
Dans l'espace aurait emporté.

Vole, vole, blanche colombe !
Sauve et console-nous toujours,
Oiseau du ciel et de la tombe,
Oiseau des dernières amours.

Monte, avec la chaste prière
Et l'encens brûlé sur l'autel ;
Trouve cette âme de lumière
Dans les plus beaux parvis du ciel.

Parle, comme au roi sur son trône,
A ce nouveau-né du Seigneur,
Et demande-lui son aumône
D'un peu d'amour et de bonheur.

Si quelque retour vers la terre
Arrache une larme à ses yeux,
Verse dans le cœur de sa mère
Ce diamant tombé des cieux;

Et quand, d'amertume oppressée,
Elle pleurera, que ses pleurs
Soient comme la douce rosée
Qui brille au matin sur les fleurs.

Vole! vole! blanche colombe!
Sauve et console-nous toujours,
Oiseau du ciel et de la tombe,
Oiseau des dernières amours.

SALOMON DE CAUS

> L'eau montera par aide du feu plus
> haut que son niveau.
>
> S. DE CAUS. (1615).

I.

Parmi les insensés au fond d'un cachot sombre,
    Voyez cet homme assis dans l'ombre.
Parfois il pousse un cri qui n'a plus rien d'humain ;
Parfois l'œil immobile et la tête baissée,
    Il semble suivre une pensée :
Tel il est aujourd'hui, tel il sera demain !

Souvent il se réveille, il s'agite, il s'écrie :
    — « Je suis le roi de l'Industrie !
Un moteur invincible est soumis à mes lois ;
Ce levier tout puissant que rêvait Archimède,
    Je l'ai découvert. Par son aide
Ma main de l'univers va déplacer le poids.

« Voyez ces tourbillons ! c'est la vapeur brûlante
　　　Qui s'exhale de l'eau bouillante.
Je clos le vase où plonge un long tube de fer ;
J'active le brasier ; l'eau mugit renfermée,
　　　Et, sous la vapeur, comprimée,
Monte en jet par le tube et s'élance dans l'air.

« Par la vapeur de l'eau vous verrez les machines
　　　Extraire les fardeaux des mines ;
Le lin se tissera sous les doigts des métiers ;
Les vaisseaux, dédaigneux des vents et des étoiles,
　　　Vogueront sans agrès, sans voiles ;
Les chars devanceront le galop des coursiers ! »

Les geôliers le font voir au passant incrédule
　　　Qui rit, au seuil de la cellule,
Des songes creux éclos dans ce cerveau de plomb.
Ainsi lorsque Colomb, de son doigt prophétique,
　　　Montrait aux Génois l'Amérique,
Les Génois s'égayaient aux rêves de Colomb !

II.

De Caus avait osé soumettre sa pensée
Au roi qui déchira la requête insensée
　　　Avec un mépris obstiné.
Il avait de ses plans fatigué les ministres,
Si bien qu'un jour, saisi par des agents sinistres,
　　　A Bicêtre il se vit traîné.

Qu'il dut être assailli d'une douleur immense
Ce grand homme insulté dans son intelligence,
　　Par le dédain et le courroux,
Ce penseur méconnu dont le puissant problème
Décernait à la France un nouveau diadème,
　　Et qu'on jetait parmi les fous!

Combien de temps, parmi ces âmes dégradées,
Au mal contagieux qui trouble les idées,
　　Put-il résister pas à pas?
Combinant ses desseins dans sa vaste mémoire,
Combien de temps encore espéra-t-il la gloire?
　　Mais la gloire n'arrivait pas.

Enfin un de ces cœurs que charme la science,
Un Anglais, Worcester, ambassadeur en France,
　　A Bicêtre vient par hasard.
Il entend le captif, il s'étonne, il admire:
— « Ouvrez lui! ce n'est pas un esprit en délire;
　　Qu'il soit libre!... » Il était trop tard!...

De Caus était bien fou! Worcester triste et sombre
Sortit : — « Ce n'est plus lui, disait-il, c'est son ombre
　　Qui gémit dans cette prison;
Mais quand on l'y jeta c'était un grand génie.
Bourreaux! que son malheur soit votre ignominie,
　　Vous avez tué sa raison! »

III.

O Salomon de Caus ! de ton âme immortelle
   Ils ont étouffé l'étincelle !
Si leur dédain fatal n'eût éteint ce foyer,
Tu serais parmi ceux que l'univers écoute,
   Qui des humains marquant la route,
Couronnent de leur gloire un siècle tout entier.

Des sciences jadis tu sondais les merveilles,
   Jadis, pour éclairer tes veilles,
Devant toi le génie allumait son flambeau ;
Mais l'âme dans ton corps ne fut pas assez forte,
   Tu survis à ta raison morte.
Dors, cadavre animé, dans ton vivant tombeau !

Que de fois la folie, en ce monde où nous sommes,
   A brisé l'essor des grands hommes !
Icares inconnus vers la gloire envolés,
Ils ont fondu leur aile à son éclat sublime,
   Et sont retombés dans l'abîme,
Emportant leurs secrets qu'ils n'ont pas révélés.

Quel pouvoir désastreux, quelles lois acharnées
   Enchaînent donc ces destinées ?
Pour ces flambeaux éteints n'est-il pas un réveil ?
Brille, raison puissante, illumine le monde !
   A genoux dans la nuit profonde,
Nous attendons le jour. — Lève-toi donc, soleil !

Le soleil s'est levé! si le sceau du mystère
    Quelquefois dérobe à la terre
Ces secrets imposants, ils viendront en leur lieu.
Comme une graine obscure à la glèbe livrée,
    Leur semence germe ignorée
Pour ne mûrir enfin qu'au jour marqué de Dieu.

IV.

Voyez ces fumantes colonnes
Dominer les toits des cités!
Écoutez les bruits monotones
De ces marteaux précipités!
Partout les brûlantes usines,
En accélérant leurs machines,
Doublent les produits du travail.
De cette industrie incessante,
Qui marche, toujours plus puissante,
La vapeur est le gouvernail.

O vapeur! reine de la terre!
Que rêva Salomon de Caus,
Vapeur! dont l'active Angleterre
Employa les moteurs nouveaux,
Gloire à toi, puissance infinie,
De la chaleur à l'onde unie
Sombre et mystérieux hymen!
Découverte à jamais féconde
Qui lègue aussi vos noms au monde,
Papin, Watt, Fulton, Neucommen!

Les ouragans, l'onde animée
Ne retardent plus les vaisseaux ;
Sous leur panache de fumée,
Fulton les lance sur les eaux.
Ils enchaînent par la pensée,
A l'Amérique hier laissée
L'Europe qu'ils verront demain ;
Et, de l'un à l'autre rivage,
Sur un Océan sans naufrage,
Les peuples se tendent la main.

Couvrant les continents immenses
De ses chemins, vaste réseau,
Stevenson franchit les distances
Avec les ailes de l'oiseau.
Dispersant partout les lumières,
La vapeur détruit les frontières
Et le commerce est délivré.
Concitoyens par l'industrie,
Les peuples n'ont plus pour patrie
Que le monde régénéré.

Homme, atome d'une journée,
Jeté sur un globe perdu,
A quelle haute destinée
Par ton savoir monteras-tu ?
Ardent à vouloir l'impossible,
Sur quelque puissance invincible
Tu poses ton pied conquérant ;
Et, pour réaliser ton rêve,

Le monde à ta voix se soulève :
Homme, que ton pouvoir est grand !

V.

Tu marches chaque jour de miracle en miracle,
Sans cesse grandissant, renversant chaque obstacle,
    Sans t'arrêter dans tes revers,
Et peut-être demain, à l'étroit dans ce monde,
Tenteras-tu d'aller, sous la voûte profonde,
    Conquérir un autre univers.

Qui sait? Tu trouveras des ailes plus légères.
Tu toucheras du pied ces éternelles sphères
    Que déjà mesure ton œil.
Mais à chaque échelon que franchit ton génie,
Tu te crois le premier dans l'échelle infinie,
    Tu te gonfles dans ton orgueil.

Tremble, présomptueux ! ton orgueil est ta perte;
Ta force te trahit dans chaque découverte ;
    Tes vaincus maudissent leur frein.
Le terrible moteur dompté par ton courage,
Comme un lion captif, se tourmente avec rage,
    Et ronge son cachot d'airain.

Dans ce vaisseau fumant, qui des vagues se joue,
La goutte d'huile absente arrête quelque roue ;
    Un sourd murmure a retenti...
Un craquement horrible, un cri se fait entendre...

Tout saute... et l'air encor est obscurci de cendre,
   Que les flots ont tout englouti.

Sous ce char flamboyant qui vole avec son maître,
Par la main du hasard, la main de Dieu peut-être,
   Un seul grain de sable est placé.
L'homme n'a pas prévu l'invisible menace,
Et ses lambeaux sanglants se mêlent dans l'espace
   Aux débris du char fracassé.

Si demain, découvrant une force ignorée,
Pour franchir à ton gré le céleste empirée
   Tu t'ouvres un chemin de feu,
Quelque atome inconnu te brisera les ailes ;
Car tu te croirais roi des voûtes éternelles,
      Tu dirais : — « C'est moi qui suis Dieu ! »

Homme ! c'est pour cela que toujours sur ta route,
L'obstacle le plus vil et que nul ne redoute
   Réprime ton essor géant ;
Pour que tu sois forcé, dans ton audace altière,
D'humilier ton front, de baiser la poussière,
   Et de confesser ton néant.

Aussi quand la vapeur a brisé son écorce,
Quand la matière esclave un jour reprend sa force
   Et se venge en te dévorant,
Prête l'oreille aux voix qui grondent sur ta tête,
Et tu les entendras crier dans la tempête :
      — « Dieu seul est fort ! Dieu seul est grand ! »

LE TRAPPISTE

Pauvre trappiste, au fond du cloître austère,
Le temps me pèse, et quand Dieu me dirait :
— « Demain, mon fils, tu seras sous la terre ! »
Prêt à sonder le terrible mystère,
Je verrais fuir le soleil sans regret.

Parfois pourtant, quand le jour étincelle,
L'espoir remonte à mon front soucieux.
L'oiseau chanteur, la source qui ruisselle,
Les champs, l'air pur où mon Dieu se décèle,
Charment encor mon oreille et mes yeux.

Mais vient la nuit. A mes maux je succombe;
Pour moi le cloître est plus qu'une prison.
Je crois, vivant étendu dans la tombe,
Frapper du front la pierre qui retombe....
Mon désespoir lutte avec ma raison.

Navré d'amour, en ma douleur profonde,
Cherchant l'oubli comme un divin bienfait,

J'avais cru fuir et mon cœur et le monde.
Et cet habit cache un volcan qui gronde :
Malheur à moi! Qu'ai-je dit? qu'ai-je fait?

Quand le matin je vais à la chapelle,
Quand je suis seul à prier dans le chœur,
Mon chant s'éteint dans ma gorge rebelle.
Je crois entendre une voix qui m'appelle,
Timide voix qui me brise le cœur.

Votre portrait, sainte Vierge Marie,
Dans les vapeurs qu'exhale l'encensoir,
Prend à mes yeux une forme chérie;
Ce n'est plus vous, c'est elle que je prie :
Je resterais à genoux jusqu'au soir.

Un frère alors me tire par ma robe;
Je me relève et vais sans savoir où.
Mon pied tremblant sous mon corps se dérobe;
Sans m'éveiller, Dieu briserait le globe.
Je vais mourir ou j'en deviendrai fou!

Mon cœur palpite à rompre ma poitrine,
Ma tête brûle et j'ai froid! Si j'osais
M'offrir en face à la fureur divine,
Si je frappais ma tête que j'incline
Contre le marbre et si je la brisais!

Non! loin de moi cette lâche pensée!
Pitié, Seigneur, ou je serai vaincu.

Mais quoi! toujours, d'une bouche lassée,
Boire à longs traits cette coupe glacée,
Et mourir vieux et n'avoir pas vécu!.....

Oh! ne plus voir cette étroite demeure,
Franchir ces murs, briser ce joug de fer!
Du temps passé rien qu'un jour, rien qu'une heure,
Rien qu'un baiser de celle que je pleure,
Rien qu'un sourire, un regard.... et l'enfer!

Pauvre trappiste ainsi courbé dans l'ombre,
De deuil en deuil au désespoir conduit,
Je vais pleurant dans ma cellule sombre,
Et de mon cœur les battements sans nombre
Me comptent seuls les heures de la nuit.

AUTOMNE

Déjà le vent infidèle
Glace l'automne vermeil ;
Une dernière hirondelle
Se joue au dernier soleil.

L'haleine de la souffrance
M'a dévoré sans retour,
Une dernière espérance
Sourit à mon dernier jour.

Quand, à la prochaine pluie,
L'oiseau fuira d'un vol prompt,
Mon espérance et ma vie
Avec lui s'envoleront.

L'oiseau part à tire-d'aile,
Les beaux jours sont révolus.
Adieu, beaux jours, hirondelle ;
Je ne vous reverrai plus !

DE

MAITRE ALAIN CHARTIER

QUE LA REINE MARGUÉRITE D'ÉCOSSE
AVAIT EMBRASSÉ PENDANT QU'IL DORMAIT
(1460).

Ah! maître Alain, que vous êtes heureux!
Front qu'a baisé la bouche d'une reine,
Avez senti son odorante haleine
Passer en songe à travers vos cheveux!

Quand vous dormez tant d'honneur vous requière.
Si pareil los advient rien qu'en dormant;
Pour obtenir semblable enchantement,
Voudrais dormir, dormir ma vie entière.

Mais le baiser qu'aimerais obtenir
N'est point celui qu'une reine vous donne;
Car celle-là ne porte de couronne
De qui voudrais un si doux souvenir.

Si fait pourtant; son front charmant que j'aime,
Par sa beauté de tous autres vainqueur,
Des fleurs des champs moins pures que son cœur,
Parfois se tresse un léger diadème.

Est reine aussi, reine de mes amours,
Et j'ai bâti son trône dans mon âme;
Y régnera, sans révolte et sans blâme.
A son empire ai cédé pour toujours.

Ah! maître Alain, que ne puis-je prétendre
Avoir un jour, pour le prix de ma foi,
De celle-là qui me tient sous sa loi,
Pareil baiser!... dussé-je encor le rendre!

CASIMIR DELAVIGNE

POÈME

Qui a obtenu à Rouen une Médaille de vermeil

A LA NORMANDIE

> S'il ne m'admirait pas, il ne m'eût pas chanté.
> CASIMIR DELAVIGNE.

I.

Pleurez, Muses, pleurez! — Et toi, chère Neustrie,
Toi le plus beau fleuron de ma belle patrie,
Penche-toi sur ton fleuve aux flots irrésolus;
Cache ton noble front sur un funèbre voile;
Notre ciel a perdu sa plus brillante étoile :
    Pleure! Delavigne n'est plus!

France qu'il aimait tant, il n'est plus ton Poëte!
La mort a mis son doigt sur sa bouche muette.
Qui dira comme lui tes splendeurs à venir?
Il a pleuré ton deuil et chanté tes victoires.
France, tous tes malheurs, France, toutes tes gloires
    Le lèguent à ton souvenir.

Il n'est plus! — Que de fois, au milieu des orages,
O Poëte! chantant tes immortels ouvrages,
Le peuple, avec espoir, leva son front plus fier!
Ta voix, brillant écho de ta haute pensée,
Faisait, dans cette foule à te suivre empressée,
    Passer un sympathique éclair!

Aux champs de Waterloo, lorsque l'Europe entière
Insultait à nos preux tombés dans la poussière;
Quand la patrie à peine osait gémir tout bas,
Le chant qui résonna sur la harpe du barde
Fut un hymne de pleurs pour l'héroïque Garde
    Qui meurt et qui ne se rend pas!

Quand Botzaris leva sa tête révoltée,
A tes accents Argos crut entendre Tyrtée,
L'Albanie opprimée enfanta des soldats;
Athènes secoua ses entraves serviles,
Et Sparte réveilla l'écho des Thermopyles
    Au grand nom de Léonidas!

Si tu ressuscitais un héros des vieux âges,
C'était Colomb trouvant, malgré tant de naufrages,
Malgré les envieux plus cruels que les mers,
Cette Amérique, en maux plus qu'en trésors féconde,
Et, pour prix de sa peine, en échange d'un monde,
    De son roi recevant des fers!

Ou c'était Jeanne d'Arc, qui de sauver la France,
Bergère, concevait l'incroyable espérance,

Se levait, combattait, écrasait l'ennemi ;
Puis, captive et traînée au bûcher funéraire,
Se prenait à pleurer, songeant à son vieux père
    Qui l'attendait à Domrémy.

La grande ombre de Foy se mêlait, dans tes rêves,
Aux vieux noms évoqués sur les romaines grèves ;
Tu passais, dans ton vol, de Tyrtée à Byron ;
Tu nous chantais aussi les trois sombres guerrières
Qui vinrent, du sommet de ses gloires altières,
    Précipiter Napoléon !

Mais d'où partent ces cris ! Que veulent ces tempêtes ?
Le canon de Juillet a grondé sur nos têtes :
Paris brise en trois jours sa vieille royauté.
Tu te lèves soudain, au bruit de la bataille,
Et ton vers citoyen tonne, avec la mitraille,
    Le réveil de la Liberté !

II.

Ce n'est pas tout encor : Thalie et Melpomène
Ont promis à son front les lauriers de la scène.
Silence !.... Un noble éclat dans ses regards a lui ;
Mille héros divers se dressent devant lui.
Sors du tombeau sanglant, Faliéro, triste Doge !
Le sang victorieux dont s'empourpre ta toge,
Le vieux sang de Zara ne te sauvera pas ;
Il faut subir la honte et subir le trépas !
Sombre Plessis-lès Tours, renais de tes ruines ;

Garde écossaise, au poste! Et vous, Coytier, Commines,
Tristan, relevez-vous! Toi, reviens de l'enfer,
Courbe-les tous encor sous ton sceptre de fer,
Monarque au cœur pétri de limon et de bronze,
Hypocrite, haineux et cruel...... Louis-Onze!
Et vous, faibles enfants, dignes de tant d'amour,
Fils d'Édouard, rentrez aux cachots de la Tour!
Glocester vous poursuit d'une sombre colère;
Offrez vos jeunes fronts aux baisers d'une mère,
Qui vous baigne de pleurs pour la dernière fois;
Enfants, il faut mourir.... vous êtes fils de rois!

Toi qui sais au néant arracher ces figures,
Femmes, vieillards, enfants, guerriers sous leurs armures,
De qui donc le tiens-tu ce magique pouvoir
De nous prendre à ta guise et de nous émouvoir,
De nous faire subir amour, espoir, alarmes,
Et de nous rendre heureux en nous tirant des larmes?
Oui, tu le tiens du ciel, et ton âme de feu,
Par la création, se rapproche de Dieu.
Tu veux! un monde naît de ta seule pensée!
Du fond des temps, la honte ou la gloire passée,
Pour éclairer nos cœurs, se lève à ton appel;
Et ce que son doigt touche, il le crée immortel!

Ainsi, quand Paolo, pieusement infâme,
En poignardant son frère a cru sauver son âme,
Tressaillant tour à tour de terreur, de pitié,
Nous pleurons avec toi ta féroce amitié.
De Lindsey, qui poursuit la faveur populaire,

Nous aimons le brûlant et noble caractère ;
Et, quand il est trahi, notre cœur attristé
Maudit comme le sien la popularité.
La popularité, faveur vide, ombre vaine,
Qu'un rien a fait grandir et qu'un rien tourne en haine !
Dédaignons-la toujours, et, fussions-nous trahis,
N'ayons de but, d'espoir, que le bien du pays !
Faisons comme le Cid, qui, chassé par ses princes,
S'en allait en exil leur gagner des provinces !

O poëte ! le Cid, le Cid Campéador
Fut ton dernier héros, fut le dernier trésor
Que nous légua ta Muse ! — Alvar, Rodrigue, Elvire,
Venez mêler vos pleurs ! venez, le Cid expire,
Et comme toi, Poëte, il meurt victorieux,
Il s'éteint dans sa gloire !.... — O sort mystérieux !
Pour chanter ce héros, la merveille espagnole,
Tu semblais de Corneille avoir pris l'auréole.
Près de quitter les cieux, ton astre, en son ardeur,
Semblait grandir encor, redoublant de splendeur,
Et s'abîmait, brillant d'une gloire pareille,
Où se leva jadis l'astre du grand Corneille !

III.

Maintenant, la terre du deuil
Couvre la dépouille modeste
De celui qui fut notre orgueil.
A notre douleur il ne reste
Qu'un souvenir et qu'un cercueil !

Brûlant soleil de l'Italie,
Toi qu'il allait chercher, toi qu'il chantait si bien,
Pour raffermir sa vigueur affaiblie,
O soleil! tu ne pouvais rien!

Si quelque lieu sur terre eût pu calmer la flamme
Qui dévorait ce corps trop faible pour son âme,
C'était le sol natal! Peut-être qu'au retour
Le parfum de ses bois, de sa brise attiédie
Eût encor réveillé sa vigueur engourdie,
Et de toi, verte Normandie,
Pour la seconde fois il eût reçu le jour!

Vallon de Pressagni, champs fleuris parl a Seine,
Coteaux qu'il préférait, que ne l'accueilliez-vous?
Hélas! sa chère Madeleine,
Ces lieux si beaux, ces lieux si doux,
Ils n'étaient plus à lui! — La pelouse fleurie,
Le parc baigné des eaux, la maison, le verger,
Tout ce qui fut jadis sa retraite chérie,
L'auraient pu méconnaître ainsi qu'un étranger!

Mais vous que sa bonté, sa tendre bienfaisance
Soulagea tant de fois, vous, pauvres d'alentour,
Vous l'eussiez accueilli; les chagrins de l'absence
Ne vous l'auraient pas fait dédaigner au retour.
Tu l'aurais reconnu, passagère hirondelle,
Toi qui, tous les étés, saluant son séjour,
Revenais habiter la persienne fidèle,

Qu'il n'osait pas ouvrir à la saison nouvelle,
De peur de troubler ton amour !

Mais il était trop tard.... Rive de sa naissance,
Toi son bonheur, son espérance,
Neustrie, où tant de fois il vit les fleurs s'ouvrir,
Ton aspect n'aurait pu ranimer sa faiblesse,
Ni prolonger d'un jour sa précoce vieillesse.....
Delavigne devait mourir !

Et, comme une harpe sonore,
Échappant tout à coup à d'inhabiles doigts,
Tombe, se brise et vibre encore....
Il tomba, le Poëte.... et sa mourante voix
Chantait encor, chantait pour la dernière fois !
C'étaient de longs fragments d'une œuvre commencée,
Qui déjà palpitait au fond de sa pensée,
Mais qui n'existait qu'en lui seul,
Et qui s'est avec lui glacée
Dans les plis muets du linceul !

Ainsi la fleur, cueillie avant d'être formée,
Tombe et meurt inconnue aux pieds du moissonneur,
Emportant avec elle, en son urne fermée,
Les suaves parfums qui dormaient dans son cœur.

Février 1844.

LA CHANSON DES BOIS

SONNET

A MARIE DÉSIRÉE.

La connais-tu, cette chanson plaintive,
Que dans la nuit les bois disent aux cieux?
As-tu longtemps, d'une oreille attentive,
Bu ces soupirs lents et mélodieux?

As-tu senti la brise fugitive
Porter là-haut des parfums précieux,
Et regretté que ton âme captive
Ne pût monter dans l'espace avec eux?

C'est que, la nuit, dans l'ombre et le mystère,
Aux astres d'or gravitant à l'entour,
La terre envoie un baiser solitaire;

Du haut des cieux, les astres à leur tour,
Laissent glisser leurs baisers sur la terre,
Et l'univers est enivré d'amour.

LE CHANT DES COLONS
(1848)

———

Lorsque la ruche est trop pleine d'abeilles,
Un jeune essaim, vers des vallons meilleurs,
S'en va chercher, sur des fleurs plus vermeilles,
Le butin d'or promis aux travailleurs.
Tels, pleins d'espoir, fils de la République,
Nous ouvrons l'aile et nous nous envolons.
Toi qui d'en haut nous as montré l'Afrique,
Dieu protecteur, sois en aide aux colons !

La foule, au port, nous suit et nous devance ;
De tous les yeux coulent des pleurs touchants ;
Mais avec soi lorsqu'on a l'espérance,
Les pleurs sont vite étouffés par les chants.
Bien qu'à regret nous quittions la patrie,
C'est une France encore où nous allons ;
Et du Prélat la sainte voix nous crie :
Dieu protecteur, sois en aide aux colons !

Oui ! c'est la France, elle est bien achetée !
Et nos soldats, tombés au premier rang,

Sur cette terre à jamais adoptée
Ont tous écrit leurs noms avec du sang.
Nos bras moins fiers, de moissons magnifiques
Vont enrichir ces glorieux vallons.
Toi qui bénis nos drapeaux pacifiques,
Dieu protecteur, sois en aide aux colons!

Vous qui là-bas nous offrez ces campagnes,
Nous vous jurons que, dignes de tels biens,
Tous les enfants de nos jeunes compagnes,
Fils du travail, seront bons citoyens.
Ils grandiront pour être un jour utiles,
Comme la graine aux bords que nous peuplons.
Pour que leurs mains rendent nos champs fertiles,
Dieu protecteur, sois en aide aux colons!

Adieu donc, France; adieu, mère adorée!
Souvent le soir, à notre doux foyer,
Nous parlerons de la terre sacrée
Qui nous berça sur son sein nourricier.
Nous fonderons son grenier d'abondance,
Et des Romains rouvrant les vieux sillons,
Nos bras aussi pourront nourrir la France.
Dieu protecteur, sois en aide aux colons!

NAHLEH

LA DANSE DE L'ABEILLE

AU CAIRE

Dans la cour arabesque
Des vieux bains d'El Margouck,
Sur le divan moresque,
Le fumeur de Chibouck
Voit, parmi la fumée
De la pipe allumée,
Danser la brune Almée,
Au son du tarabouck.

Allah! comme elle est belle,
L'Almée au doux regard!
Promenant autour d'elle
Ses grands yeux de lézard,
Pour prélude à la danse
Elle tourne en cadence,
Se recule et s'avance,
Puis salue avec art.

Entends-tu la cymbale
Dans ses doigts gracieux ?
Languissante, elle étale
Ses bras nus vers les cieux,
Renverse avec ivresse
Sa tête enchanteresse,
Appelant la caresse
De la bouche et des yeux.

Sur l'une et l'autre hanche,
Au son d'un air plaintif,
Tour à tour elle penche
Son corps souple et lascif.
Sous le caftan de soie,
Son flanc pâmé de joie,
Comme un serpent qui ploie,
Tressaille convulsif.

Vois-la bondir, pareille
Au chevreau d'El Dâher ;
Elle feint qu'une abeille
La menace dans l'air,
Et pour chasser bien vite
La mouche parasite,
Elle tourne et s'agite,
Plus prompte qu'un éclair.

Dénouant sa ceinture,
Elle oppose, en dansant,
Un voile à la piqûre

Du frelon agaçant ;
Et toujours avec grâce,
On dirait qu'elle chasse
L'ennemi dont l'audace
Va toujours s'accroissant.

Il vole, il se dérobe
Au tissu déployé,
Et l'Almée, en sa robe,
L'a senti fourvoyé.
Dans la peur d'un outrage,
Elle ôte son corsage,
Son caftan à ramage,
Son caffieh bleu rayé.

Autour de sa figure,
Se déroule et s'enfuit
Un flot de chevelure
Aussi noir que la nuit,
Où de mainte pasquille
Pendue à la récille,
Le métal qui scintille
S'entre-choque avec bruit.

Mais sur sa gorge nue
S'enivrant de parfums,
L'abeille continue
Ses assauts importuns.
L'Almée en vain applique,
Dernier rempart pudique,

Le lin de sa tunique
Autour de ses flancs bruns......

Soudain comme confuse
D'être nue aux regards,
La folle qui s'amuse
Reprend de toutes parts
Sa parure qui traîne,
Et vers son front ramène
Ses longs cheveux d'ébène,
Sur sa poitrine épars.

Dans son caftan se plonge
La perle des houris.
Elle fuit, divin songe,
Laissant nos cœurs épris ;
Et son œil, noire étoile,
Disparaît sous le voile
Qui renferme en sa toile
Un coin du paradis.

Longtemps, sous l'arabesque
Des vieux bains d'El Margouck,
Sur le divan moresque,
Le fumeur de Chibouck,
Aspirant la fumée
De la pipe allumée,
Rêve à la brune Almée,
Qui danse au tarabouck.

Avril 1851.

LAISSE-MOI T'AIMER

A MARIE DÉSIRÉE.

Ah! laisse-moi t'aimer, non d'un amour profane,
Mais de cet amour saint, tendre, immatériel,
Qui rend le cœur plus pur, l'âme plus diaphane,
    Qui joint la terre au ciel !

Douce communion qui réunit deux âmes,
Comme deux blancs ramiers fendant, d'un même essor,
L'éther qui, sur leurs cols, fait reluire des flammes
    Et des paillettes d'or.

Dieu m'a mis dans le cœur une lyre immortelle ;
Quand je me penche en moi je l'entends soupirer ;
Mais il faut une main qui se pose sur elle
    Et la fasse vibrer.

Sois cette main savante, ose toucher la lyre,
Pose sur le clavier l'ivoire de tes doigts ;
Elle va s'éveiller en hymnes de délire
    Et répondre à ta voix.

N'aimes-tu pas les chants, les doux chants du poëte?
Ne pénètrent-ils pas ton cœur d'un tendre émoi?
Jette donc un regard sur sa lèvre muette,
   Dis-lui : — « Chante pour moi ! »

Alors j'aurai pour toi des chansons merveilleuses,
Telles qu'aux nuits de mai, sous le ciel espagnol,
Dans les bois de Grenade, aux roses amoureuses,
   Chante le rossignol.

Ma mélodie aura la douceur des louanges
Que modulent en chœur les esprits purs des cieux;
Je croirai voir passer dans un songe les anges,
   En regardant tes yeux.

Ah! laisse-moi t'aimer, t'aimer avec délice,
De cet amour pieux où l'âme s'épura,
De l'amour qui brûlait Dante pour Béatrice,
   Pétrarque pour Laura.

Ah! laisse-moi t'aimer, et peut-être toi-même
Un jour à ton insu te laisseras charmer :
C'est un amour si pur que celui dont je t'aime!
   Ah! laisse-moi t'aimer!

Février 1842.

LES DEUX FANTOMES

A MADAME AMABLE TASTU.

O nuit! quel œil humain peut lire dans ton ombre?
Quelle voix nous dira ce qui s'agite aux cieux,
Quand la terre est tranquille et que, sur l'azur sombre,
Les astres, dont Dieu seul sait l'éclat et le nombre,
   Roulent froids et silencieux?

O nuit! J'ai vu passer deux fantômes célèbres;
Ils rasaient dans leur vol les dômes de Paris.
La ville se berçait dans la paix des ténèbres;
Seuls, au sommet des tours, quelques oiseaux funèbres
   Tournoyaient en poussant des cris.

Je les ai vus passer amenant les nuages,
Avec un bruit semblable au fracas d'un volcan.
L'éclair illuminait leurs yeux et leurs visages;
Ils s'avançaient tous deux, portés par les orages,
   Sur les ailes de l'ouragan.

Tous les deux ils quittaient la tombe inexorable;
Tous les deux ils venaient du tropique enflammé;
L'un des bords où mugit un océan de sable,
L'autre d'un roc désert, où le flot implacable
   Garde son sépulcre enfermé.

Chacun d'eux à son tour fut puissant par la guerre;
Vivants, le monde à peine a pu les contenir;
Morts, ils n'ont rencontré qu'une insensible pierre,
Où le temps ronge en paix leurs noms et leur poussière,
   Où les vents seuls viennent gémir.

Leurs fantômes souvent de leurs urnes s'élancent;
Sur ce monde oublieux qui ne les connaît plus,
Par la foudre escortés, dans la nuit ils s'avancent,
S'inclinent tristement sur l'univers, et pensent
   A leurs empires disparus.

Je les ai vus tous deux : l'un, comme les rois mages,
Ceignait son front hautain de la tiare d'or;
Sur sa barbe flottante avaient neigé les âges;
Son œil fier, qu'autrefois entouraient tant d'hommages,
   Semblait les commander encor.

Il descendit aux bords où l'Obélisque antique
De son dard anguleux semble percer le ciel;
Sur son flanc il croisa son manteau fantastique,
Et longtemps mesura le géant granitique,
   D'un regard sombre et solennel.

Ses yeux étincelaient d'une flamme éthérée,
Tandis qu'il parcourait du regard lentement
Cet étrange alphabet d'une langue ignorée,
Gravé pour l'avenir, par une main sacrée,
  Sur les faces du monument.

C'est qu'il y retrouvait sa puissance hautaine,
Ses combats retracés en récits glorieux,
Et, sous son nom vainqueur, dévoués à la haine,
Les noms des rois vaincus, qu'il traînait à la chaîne,
  Ou qu'il immolait à ses Dieux.

L'autre ombre n'avait pas cet appareil superbe,
Quoique son pied jadis eût foulé comme l'herbe
  Les rois de l'univers.
Les tortures avaient brisé cette grande âme,
Et son fantôme encor portait la trace infâme
  De l'exil et des fers.

Mais qu'il était sublime et beau sans diadème,
Ce héros retrempé dans le fatal baptême
  De son adversité !
C'était bien lui ! c'était sa tête souveraine,
Son regard foudroyant, qui tenait en haleine
  Le monde épouvanté !

C'était cet uniforme usé par la mitraille ;
C'était ce manteau bleu, sur les champs de bataille
  Tant de fois déployé,

Et ce petit chapeau, couronne populaire,
Que trente rois n'ont pu ravir, dans leur colère,
       A son front foudroyé.

C'est ainsi que, dans l'ombre, au sein de la tempête
Qui sur ses pas grondait, lui faisant une fête
       Comme un bruit de combats,
Je l'ai vu de son vol embrasser la Colonne,
Et, sur ce bronze saint que sa gloire environne,
       Contempler ses soldats.

Qu'étaient-ils devenus ces vieux vainqueurs du monde?
La mort les dévorait dans leur tombe profonde
       De Wagram ou d'Eylau,
Et leur triste Empereur, pleurant sur son trophée,
Murmurait lentement d'une voix étouffée :
       — « O France! ô Waterloo! »

Il s'inclinait pensif au-dessus de la ville,
Et dans la nuit, longtemps contemplait, immobile,
       Le sol que nous foulons,
Comme un aigle qui plane aux voûtes éternelles,
Se penche sur son aire et couve de ses ailes
       Le sommeil des aiglons.

Mais quand il vit briller, comme en un météore,
Le fantôme éclatant du vieux roi de l'Aurore,
Il sembla retrouver son pouvoir d'autrefois
       Et sa majesté pour lui dire :

LES DEUX FANTOMES.

—« Salut, fils de Memnon ! Salut, vainqueur des rois !
Sois bienvenu dans mon empire !

« Souviens-toi, Sésostris, qu'au temps de tes splendeurs,
Il fut un peuple grand de toutes tes grandeurs.
Pour lui tes bataillons ravageaient les contrées ;
Pour lui, du Niger à l'Indus,
De l'océan arabe aux mers hyperborées,
Tombaient cent peuples confondus.

« Cette Égypte, pour qui tu gagnais des batailles,
Ton peuple était pour toi le sang de tes entrailles,
Et, quand tu revenais d'affronter le trépas,
S'il applaudissait tes merveilles,
Il n'était aucun bruit, dans les bruits d'ici-bas,
Qui fût plus doux à tes oreilles.

« La France fut ainsi le peuple de mon cœur.
Pour elle, ô Pharaon ! mon bras, cent fois vainqueur,
Courba le front des rois réduits au vasselage,
Et, quand j'avais bien combattu,
Ses acclamations me payaient mon courage.
Sésostris, me reconnais-tu ? »

— « Oui ! dit l'antique aïeul des monarques Numides,
Oui ! je te reconnais. Du haut des Pyramides
J'accompagnai, témoin de tes hardis travaux,
Ces quarante siècles de gloire
Que ta voix évoquait du fond de leurs tombeaux,
Pour assister à ta victoire.

« Salut ! ô conquérant ! je suis digne de toi.
Moi-même j'ai rangé l'univers sous ma loi.
Mes cohortes étaient sœurs des soldats d'Arcole,
  Mon nom frère aîné de ton nom.
Le temps couronnera d'une même auréole
  Sésostris et Napoléon.

« Que ta France adorée, où tant d'éclat rayonne,
Garde mon Obélisque auprès de ta Colonne,
Pour qu'à leur base un jour les siècles à venir,
  Épris de nos vastes pensées,
Avec un saint respect viennent s'entretenir
  De nos étoiles éclipsées. »

C'est ainsi qu'ils pleuraient sur leurs deux monuments.
Le ciel s'illuminait de moments en moments,
Et je crus entrevoir, à ces lueurs étranges,
  Dans les nuages de la nuit,
Des armes, des drapeaux, et d'immenses phalanges
  Autour d'eux se ranger sans bruit.

Puis l'orage emporta ces visions funèbres,
Et je me trouvai seul perdu dans les ténèbres.
Les astres éternels, rayonnant de clartés,
  Traçaient leur sillon dans l'espace,
Impassibles témoins de nos fragilités
  Et du néant de ce qui passe.

CRÉPUSCULE

A MARIE DÉSIRÉE.

Quand l'occident n'est plus qu'une ligne rougeâtre ;
Que, dans les vastes champs où plane le repos,
Tout s'endort jusqu'aux fleurs, et que le dernier pâtre
   A parqué ses troupeaux ;

Quand les brises du soir, étouffant leurs haleines,
Ne font plus onduler les mobiles épis ;
Quand la lune sourit à travers les vieux frênes
   Aux oiseaux assoupis ;

C'est alors que vers toi, reine de mes doux songes,
S'élèvent mes pensers purs et délicieux,
Que j'aime à prolonger l'extase où tu me plonges,
   Longtemps silencieux.

Des parfums plus voilés s'évaporent des plantes,
L'âme échappe enivrée à ce monde réel,
Et les blanches lueurs, dans l'espace tremblantes,
   Semblent des fleurs du ciel.

Je m'arrête, pensif, sous le radieux dôme.
Des visions d'amour éblouissent mes yeux;
De loin tu m'apparais, comme un léger fantôme
    Souriant et joyeux.

Le brouillard sur ta tête étend ses pâles voiles,
Le ver luisant s'allume entre les églantiers,
Comme si tu semais sous tes pas les étoiles
    Au détour des sentiers.

Tu t'avances planant sous l'étendue immense,
Tu passes devant moi sans effleurer le sol;
Et, pour ta bienvenue, au fond des bois commence
    Le chant du rossignol.

Ce chant, épanoui dans la brise attiédie,
De vallons en vallons répété par les bois,
Éveille dans mon cœur, comme une mélodie,
    Les échos de ta voix.

Quelle puissance occulte ou quelle fée amie
Donne donc ton image à la vapeur du soir?
Quel ange me sourit dans la plaine endormie
    Et me parle d'espoir?

Je crois tenir ta main dans la mienne pressée,
Je crois sentir ton cœur battre tout près du mien,
Et sur mon front courir, plus doux que ma pensée,
    Ton souffle aérien.

CRÉPUSCULE.

Si c'était vraiment toi ? Si le maître suprême
Avait fait un miracle en t'amenant ici ?
M'entends-tu, cher fantôme? Oh! je t'aime! je t'aime!
   Dis-moi : — « Viens ! » — Me voici !

Rêves! illusions! Quel jour, chère adorée !
Te dirai-je combien en toi seule j'ai foi,
Combien à chaque instant, d'espoir l'âme enivrée,
   Je prie et pense à toi !

Quel jour enfin, heureux d'une sainte allégresse,
Et mon cœur à ton cœur enchaîné pour toujours,
Songerai-je avec toi des songes de tendresse
   Et d'éternels amours ?

A cette heure rêveuse où notre oreille semble,
Dans un calme profond, vague et mystérieux,
N'entendre que deux cœurs qui palpitent ensemble
   En présence des cieux ;

A l'heure où l'univers sous l'œil de Dieu repose,
Où l'esprit, confondu devant l'immensité,
A l'azur éternel emprunte quelque chose
   De sa sérénité.

L'OREILLE

Ta molle chevelure,
Autour de ta figure,
Forme un soyeux bandeau,
Dont la brillante moire
Semble, tant elle est noire,
Sur tes tempes d'ivoire,
Les ailes d'un corbeau.

Mais sous ses plis dans l'ombre,
Pourquoi ce bandeau sombre
Dérobe-t-il aux yeux
Ta gracieuse oreille,
Délicate merveille
Qui n'a qu'une pareille
Sous la clarté des cieux?

Ton oreille petite,
Qu'un bord rosé limite,

L'OREILLE.

Et qui frémit souvent,
Ton oreille jolie
Qui se tourne et se plie,
Douce, fraîche et polie
Comme un marbre vivant.

Ton oreille divine,
C'est la nacre marine
Au reflet chatoyant,
La conque blanche et rose
Que l'Hellespont arrose,
Où Cypris est éclose
Sous le ciel d'Orient.

C'est la fleur frémissante
Qui s'entr'ouvre naissante
Au zéphyr du matin ;
C'est le soyeux pétale
A la forme idéale,
Dont l'aube matinale
Chiffonna le satin.

Ornement inutile,
Un diamant scintille
A son lobe vermeil ;
Ainsi de la rosée,
Une goutte irisée
Au bord des fleurs posée,
Resplendit au soleil.

Gentille oreille, écoute !
Si ta conque est la route
Et la porte du cœur,
Oreille enchanteresse,
Permets qu'à ta maîtresse
Je parle avec tendresse,
Comme un frère à sa sœur.

Sans peur tu peux m'entendre ;
Tu n'as rien à reprendre,
Tu ne rougiras pas.
Nul ne saurait médire
Du penser qui m'inspire,
Et tout haut je peux dire
Ce que j'ai dit tout bas.

LE ROI DE MER

BALLADE

> ¡ Muy graciosa es, la Doncella
> ¡ Como es hermosa y bella !
> Gil Vincente.

Seule, accoudée aux créneaux de la tour,
La blonde enfant du Köning de Norvége,
Les yeux rêveurs, penchait son front de neige
Vers l'Océan qui grondait à l'entour.

La mer montait, vaste, profonde et fière ;
A l'horizon, la lune au front changeant
Sortait de l'onde, et son disque d'argent
Versait à peine une blanche lumière.

Du sein des flots lentement entr'ouverts
Semble monter une figure vague,
Qui se dessine au travers de la vague :
C'est un jeune homme au corps pâle, aux yeux verts.

La vierge a vu, terrifiant prodige!
Un regard fixe enchaîner son regard;
Sa voix s'éteint, son œil devient hagard,
Elle a senti les frissons du vertige;

Car ce jeune homme est un roi de la mer;
Il nage, il sort de la vague azurée,
Et malgré soi, vers l'abîme attirée,
L'enfant se penche et tombe au gouffre amer.

Nul n'entendit ses plaintes étouffées;
L'onde un instant bouillonna près du bord;
L'enfant n'eut pas d'autres hymnes de mort,
Que la chanson des Elfes et des Fées.

— « Viens! disaient-ils, blanche perle du Nord!
Viens te bercer à notre doux murmure.
Moins belles sont que ta pâle figure
Les fleurs des mers où ton œil bleu s'endort.

« Nous t'aimerons, nous les Elfes des grèves,
A toi nos dons, nos trésors les plus beaux,
Les fleurs des rocs, les diamants des eaux,
Et nos palais plus brillants que tes rêves!

« Viens avec nous! Loin de ton sol neigeux,
De notre roi tu deviendras l'épouse;
Ton ciel sera la mer vaste et jalouse;
Tu régneras sur l'empire orageux.

LE ROI DE MER.

« Tu plongeras dans ces conques nacrées,
Pavillons d'or, labyrinthes d'azur
Où nous dormons, quand sur le flot obscur
La lune épand ses lueurs éthérées.

« Nous te ferons des jardins de corail ;
Nous donnerons pour ombre à ta retraite
L'arbre de pourpre où le poisson s'arrête,
Comme un fruit d'or sous des rameaux d'émail.

« Viens donc en paix, enfant aux tresses blondes ;
L'heure éternelle a commencé pour toi.
Viens avec nous, reine de notre roi ! »
Ainsi chantaient les esprits bleus des ondes.

Ainsi ce corps si beau dans sa fraîcheur,
L'Océan froid le berçait sous ses ombres,
Et de doux chants, venus des gouffres sombres,
Dans son esquif étonnaient le pêcheur.

LE PAPILLON ÉGARÉ

Πόθεν, πόθεν πέτασαι ;
ANAKPEΩN.

O Papillon égaré dans nos villes,
Triste exilé de l'horizon vermeil !
Tu vas semant, contre nos murs stériles,
Le duvet bleu de tes ailes fragiles,
Et ton bonheur est là-bas au soleil.

O Papillon ! ta vie est mon emblème :
Triste exilé, comme toi je combats ;
Car j'ai perdu la moitié de moi-même.
Je cherche en vain ma douce fleur que j'aime :
Comme le tien, mon bonheur est là-bas.

STANCES

ÉCRITES SUR UN EXEMPLAIRE DE PAUL ET VIRGINIE.

A MARIE DÉSIRÉE.

Veux-tu relire encor cette touchante histoire
Qui, jadis, arracha des larmes à tes yeux,
Et dont le souvenir, au fond de ta mémoire,
Se conserve plus doux qu'un parfum précieux?

Qu'on aime, n'est-ce pas, les premières années
De ces deux beaux enfants, fraîches fleurs des déserts!
Et que Dieu fait pour eux de suaves journées,
Dans leur île, berceau caressé par les mers!

Leurs jours passent, voilés d'un si tendre mystère!
Le récit en est calme et pur, comme la voix
Du bengali chantant son amour solitaire,
Qu'ils entendaient la nuit, sous l'ombre des grands bois.

Que l'on voudrait pouvoir, dans leur verte retraite,
Les laissant l'un à l'autre, et pour jamais heureux,
S'arrêter à la page où leur bonheur s'arrête,
Et rêver que l'amour n'a pas fini pour eux !

Nos cœurs, ô Désirée, ainsi que ces cœurs d'ange,
Furent faits l'un pour l'autre et se sont rencontrés;
Dieu les a confondus par un suave échange :
A nous aimer comme eux il nous a consacrés.

Mais pour nous les douleurs ne seront pas si grandes.
Si nos yeux, quelquefois, laissent tomber des pleurs,
L'espoir les essuira; de nos fraîches guirlandes
La tempête jamais n'emportera les fleurs !

Dans notre asile obscur, sans tourment, sans envie,
Oiseaux joyeux blottis au fond du même nid,
Nous vivrons d'un seul cœur et d'une seule vie :
Rien ne séparera ce que Dieu réunit.

Jusqu'à la fin ensemble, à l'heure où tout s'oublie,
Nous verrons nos regards à la fois s'assoupir,
Et, lasses à la fois de la course accomplie,
Nos âmes s'exhaler dans un même soupir.

Tels, au soleil couchant, deux rayons de lumière
Dans un sentier désert s'égarent confondus,
Puis, ensemble, brillant de leur clarté première,
Remontent vers le ciel dont ils sont descendus.

LE
JARDIN DE WANG-WEI

Du haut en bas du pavillon,
Brillait l'émail des briques vertes ;
Autour des fenêtres ouvertes
Resplendissait le vermillon.

Sur les piliers, sur les murailles,
Aux solives du corridor,
S'enlaçaient mille dragons d'or
Cuirassés de larges écailles.

Un bord dentelé couronnait
Le toit de porcelaine antique ;
La girouette fantastique
Sur le ciel bleu se contournait.

Les plus beaux oiseaux de la terre
Chantaient dans les bosquets obscurs ;
Les fleurs aux parfums les plus purs
Étincelaient dans le parterre.

Séduit par l'éclat du verger,
J'admirais sa splendeur féconde,
Et je ne trouvais rien au monde
Plus beau que les fleurs du pêcher.

Mais tout à coup je vis sourire,
Entre les treillis de bambous,
Deux de ces yeux brillants et doux
Pour qui l'on perdrait un empire.

L'éventail léger se plia ;
J'aperçus l'enfant rose et blanche,
Souple comme un saule qui penche,
Fraîche comme un camélia.

A sa grâce, à son regard tendre,
A ses sourcils fins et soyeux,
Je crus voir la fille des Dieux
Qui parmi nous daignait descendre.

A mon aspect elle sourit,
La belle enfant aux dents de jade ;
Puis des rougeurs de la grenade
Son front délicat se couvrit.

O printemps ! tes beautés nouvelles
N'ont plus d'attrait pour me toucher ;
J'admirais les fleurs du pêcher,
Et maintenant j'ai pitié d'elles !

LA FIANCÉE

A MADAME AMÉLIE R***

Lorsqu'au pied de l'autel la blanche fiancée
S'avance avec l'époux à qui Dieu va l'unir,
Elle sent tressaillir au fond de sa pensée
Les regrets du passé, l'espoir de l'avenir.

Je ne sais quoi de doux et d'amer tout ensemble,
De son front qui s'incline efface les couleurs ;
Elle espère avec crainte, avec joie elle tremble,
Et ses yeux ingénus laissent couler des pleurs.

Ce trouble vous sied bien, candide jeune fille ;
J'aime à voir l'anémone aux feuilles de satin,
Pâle, quand la rosée en son calice brille,
Palpiter sur sa tige au souffle du matin.

Craignez encore un jour cette vie inconnue ;
Ainsi, nouvelle éclose, hésite au bord du nid

L'hirondelle inhabile à sillonner la nue
De son aile novice et que rien ne ternit.

Hésitez bien encor : sur la terre inféconde,
Il faut de la fortune affronter le courroux.
Tout est piége, péril ou tempête qui gronde;
Mais il est un ami qui veillera sur vous.

Demain, quand vous verrez votre blanche couronne,
Virginal ornement, sous vos pas s'effeuiller;
Forte de son amour, cette main qui frissonne,
Sur le bras d'un époux s'appuira sans trembler.

Vous n'hésiterez plus, car ce sera lui-même,
Lui que vous redoutez sans connaître pourquoi,
Qui sera votre appui, votre force suprême;
Que vous appellerez, en disant : — « Soutiens-moi ! »

Puissiez-vous vivre ainsi de bien longues années !
Qui ne voudrait, pendant toute une éternité,
Pouvoir continuer ces chaînes fortunées,
Où l'un est le soutien et l'autre la beauté !

Ainsi, dans les forêts de la verte Australie,
Jusqu'aux cieux la liane, élevant ses couleurs,
Au baobab géant avec amour se lie :
L'arbre donne sa force, et la plante ses fleurs.

DEUX VIEILLARDS

A CHARLES BOUDOU

C'est un étroit vallon que deux coteaux en pente
Resserrent ; un ruisseau lentement y serpente.
Sous les saules touffus, sous les grands peupliers
Qui voilent de fraîcheur ses bords irréguliers,
J'écoute du moulin la note monotone,
Le taureau qui mugit, la clochette qui sonne,
Le pâtre au loin qui chante en gardant ses troupeaux,
Bruits légers et charmants plus doux que le repos.
Les aunes inclinés, sous leur verdoyant dôme,
Laissent apercevoir un pauvre toit de chaume,
Toit heureux, maintenant habité par l'espoir !
Mille rires joyeux y résonnent le soir ;
Le jour on voit flotter de bleuâtres fumées
Sur le faîte où les fleurs, par la brise animées,
Se balancent au vent souriantes à l'œil.
Toit heureux !.... l'an dernier plein de pleurs et de deuil!

Là vivait un vieillard, et près de lui sa femme
Végétait seulement; car dans cette pauvre âme
Tout s'était fait obscur. L'âge, ce lent poison,
En épargnant sa vie, avait pris sa raison;
Mais de ce cœur sans fiel la folie était douce.
Elle aimait à s'asseoir au soleil sur la mousse,
Et là, chantant des airs que l'écho répétait,
Tour à tour s'étonnant de l'écho qui chantait,
Tour à tour reprenant sa chanson suspendue,
Elle usait sa journée, et la nuit descendue
La trouvait souriante, et le naissant matin
Mettait à ce front vieux un sourire enfantin.

L'époux, soldat jadis, était un homme austère,
Qui, malheureux toujours, avait toujours su taire
Ses douleurs, et gardant un visage serein,
N'avait que dans le cœur les rides du chagrin.

Or un jour il ne put se lever de sa couche,
La souffrance muette avait crispé sa bouche;
Il ne se plaignait pas; ses enfants rassemblés
Vers son lit inclinaient leurs visages troublés.
Il les rassurait tous; mais sa voix haletante
Démentait la fierté de son âme constante,
Et de son pouls éteint les faibles battements
Remontaient vers le cœur de moments en moments.
Il s'en allait mourir. — Tandis que sa famille
S'empresse autour de lui; près du foyer qui brille,
La pauvre femme assise, oubliée, à l'écart,
Sur son vieux compagnon attache un lent regard.

Elle ne chante plus.... Cette immobile face,
Où chaque sentiment toujours glisse et s'efface,
Semble se colorer d'un reflet de raison,
Et le lit du malade est tout son horizon.
Elle sourit pourtant, mais c'est avec contrainte,
Et parce que sa bouche a gardé cette empreinte.
Les soupirs incessants, les pleurs du désespoir,
Peut-être auraient semblé moins douloureux à voir
Que cet œil immobile où l'angoisse respire,
Et ce visage en deuil grimaçant un sourire.

Vainement le soleil qui brillait sur les champs,
Vainement les oiseaux dont elle aima les chants,
L'onde qui captiva sa vue émerveillée,
L'invitaient à s'asseoir sous la verte feuillée.
Sans faire un mouvement pendant quatre longs jours,
Elle resta muette et souriant toujours.
En vain lui donnait-on sa nourriture aimée ;
Comme ce n'était plus la voix accoutumée
Qui disait : — « Lève-toi ! viens prendre ton repas ! »
Elle demeurait morne et ne répondait pas.

Un jour elle tressaille, elle lève la tête ;
Un lumineux éclat dans ses yeux se reflète ;
Ce cœur, depuis longtemps couvert d'obscurité,
Semble avoir reconquis son ancienne clarté ;
Elle est debout. Sa main, vers le vieillard tendue,
L'appelle... Mais soudain elle tombe éperdue,
La pâleur envahit son front comme un reflux ;
Quand on la releva, son cœur ne battait plus.

Une semaine après, les gens de la campagne
Conduisaient le vieillard auprès de sa compagne :
Le fossoyeur les mit dans le même tombeau.

Dans leur chaumière habite un ménage nouveau :
On y voit tout le jour, souriante et légère,
Aller et revenir l'active ménagère,
Et, des jeunes époux cher espoir, doux orgueil,
Un bel enfant sourit au soleil sur le seuil.

L'Étang, septembre 1851.

FLEUR FANÉE

SONNET

A MARIE DÉSIRÉE

> Intactas quare mittis mihi, Polla, coronas?
> Vexatas a te malo tenere rosas.
> MARTIAL.

Lorsqu'à la fin de la journée
Ses couleurs ont fui sans retour,
Rends-la-moi cette fleur fanée
Que tu respiras tout le jour,

Et songeant à sa destinée,
Je croirai trouver à mon tour,
Dans sa corolle abandonnée,
Un parfum de toi, mon amour.

Sois comme le maître équitable,
Qui laisse dans sa coupe d'or
Un peu de son vin délectable,

Pour que, après le repas encor,
L'esclave qui le sert à table
Ait sa part du joyeux trésor.

LA LAMPE NOCTURNE

Au jour qui meurt, la nuit succède monotone ;
Dans l'air pour un instant la phalène bourdonne,
Et la dernière brise emporte un dernier bruit.

Chaque étoile à son tour éclose, aux cieux reluit ;
Tandis que, dans le fond du vallon solitaire,
Une lampe s'allume, étoile de la terre.
Mon regard s'y repose, et, par la nuit déçu,
Croit toucher le rayon tout là-bas aperçu.

Tel en nos jours éteints qu'envahit l'oubli sombre,
Quelque point lumineux survit et perce l'ombre.
On le voit, on le touche, et, du fond du passé,
Il brille, souvenir tendrement caressé.
Souvent bien des vallons, dans la nuit incertaine,
S'espacent entre nous et la lueur lointaine ;
Mais l'œil de la pensée, avec tranquillité,
S'arrête et se complaît à sa douce clarté.

L'Étang, septembre 1849.

CHÉRIFA

A FÉLIX ANDRY.

Mon cheval est roi de l'espace.
Moins prompt que lui, le coup d'œil passe,
Moins prompts les éclairs des fusils.
Il boit le vent! et son crin sombre
Est bleu comme un pigeon dans l'ombre :
Mebrouck est l'orgueil du pays.

Mebrouck, ton cœur est-il malade?
Lorsque je suis en embuscade,
Tu hennis, ô mon coursier noir,
Tu frissonnes par intervalles;
C'est trop penser à nos cavales.
Va, mon fils, nous irons les voir!

Au loin nos tribus sont errantes.
Où rencontrer leurs larges tentes?
Où sont les vierges du Guébla
Et leurs pavillons d'écarlate?

Où sont le tapis et la natte
Et l'hospitalité d'Allah?

N'avez-vous pas eu des nouvelles
De nos juments, de nos chamelles,
Des puits où mes frères ont bu?..
Dieu rende aveugles les infâmes
Qui pourraient porter dans leurs âmes
Haine aux enfants de ma tribu !

Leur course au midi se prolonge,
Et mon cœur dans l'ennui se plonge.
Mebrouck, porte-moi vers les miens !
Mon oncle a des juments de race ;
De leurs aïeux on suit la trace
Depuis les temps les plus anciens.

Chacune en sultane s'avance ;
Un nègre de Kora les panse,
Un nègre plus noir qu'un cercueil.
Il les mène au bain, il leur donne
Le lait pur, l'orge qui foisonne....
Dieu les garde du mauvais œil !

Dans leur troupe à l'amour rebelle,
Mebrouck, tu prendras la plus belle,
Et moi je verrai Chérifa,
Chérifa, cette beauté fière,
La plus noble et la plus altière
Qu'un Dharaï jamais coiffa.

CHÉRIFA.

Ses cheveux, où l'or s'entrelace,
Tombent autour d'elle avec grâce ;
Vous diriez le plumage noir
De l'autruche à la voix stridente,
Qui demeure au désert et chante
Auprès de ses petits le soir.

Son sourcil noir est l'arc du more ;
Les cils de cet œil que j'adore
Sont pareils aux barbes du blé
Mûri dans la saison nouvelle ;
Son œil est l'œil de la gazelle ;
Qui pour ses petits a tremblé.

Sa bouche est l'aurore vermeille,
Son haleine au musc est pareille ;
De ses dents les deux rangs unis
Semblent les gouttes de rosée,
Dont au matin est arrosée
La fleur qui parfume Tunis.

Près de sa peau douce et musquée,
Du minaret de la mosquée
L'albâtre étincelant jaunit ;
Moins pure est la lune sans voile,
Moins radieuse est une étoile
Qu'aucun nuage ne ternit.

Le dessin d'un bleu tatouage
Ajoute encore à son visage

Je ne sais quel charme attrayant ;
On dirait la fleur de la fève :
Dieu la fit belle comme un rêve,
Pour ravir l'esprit d'un croyant.

O toi, qui connais la contrée,
Colombe à l'aile bigarrée,
Qui portes un burnous d'azur
Si bienséant à tes épaules,
Toi qui roucoules sous les saules,
Pars ! vole à travers le ciel pur !

Oiseau ! ma force est abattue ;
Car l'amour est un fer qui tue,
L'amour est un poignard vainqueur.
Va dire à celle qui me charme
Qu'elle m'a porté, de cette arme,
Deux coups, l'un aux yeux, l'autre au cœur.

LE
CERCUEIL DE NAPOLÉON

A M. BOISSEL, ANCIEN DÉPUTÉ

ANCIEN REPRÉSENTANT

> Je désire que mes cendres reposent sur les bords de la Seine.
>
> NAPOLÉON.

I.

Comme aux jours glorieux de Jason et d'Alcide,
Quand le vaisseau d'Argus, lancé vers la Colchide,
    Fit jaillir l'écume des flots,
La Grèce applaudissait, et la lyre d'Orphée
Vibrait, et les accents du divin coryphée
    Encourageaient les matelots;

Tel apparaît, semblable à la trirème antique,
Un navire nouveau, sur la mer Atlantique,
    Vers des bords lointains entraîné.
O poëtes! chantez l'hymne de l'espérance;
Viens, ô peuple! et salue à son départ de France
    Le navire prédestiné.

Apportez des lauriers, des guirlandes fleuries !
Couronnez les grands mâts, les vastes galeries
      De ce géant prêt à partir ;
Car la France lui dit : — « Cours, vole à Sainte-Hélène !
Que Joinville dépose entre tes murs de chêne
      Ce qui nous reste du martyr. »

Et, semblable au coursier respirant la bataille,
Qui hennit et se cabre au bruit de la mitraille,
      Puis se rue en mordant son frein,
Sur le flot frémissant il glisse, se balance,
Tourne au souffle du nord sa voilure, et s'élance
      Sur les ondes en souverain.

Pars ! suivi de nos vœux et chargé de nos palmes ;
Va chercher, à travers les cieux purs, les eaux calmes,
      La victime sur son autel !
Pars ! ô toi qu'au retour attendent nos hommages,
Aujourd'hui vaisseau frêle et sujet aux naufrages,
      Demain monument immortel !

II.

En avant ! c'est l'espace immense
Où les flots succèdent aux flots !
La mer qui toujours recommence....
En avant, braves matelots !
Mais tout à coup quels cris s'entendent?
— « Terre ! terre ! » — Les bras s'étendent
Vers un rocher sombre et noirci.
Sur le vaisseau les canons grondent ;

LE CERCUEIL DE NAPOLÉON

Les canons du fort leur répondent......
C'est Sainte-Hélène ! la voici !

Salut ! triste et cruelle plage,
Terre de désastre et de deuil !
Le soleil brûle ton rivage,
Les flots dévorent ton écueil.
Mais quels souvenirs sur ta cime !
Combien ta nudité sublime
Est plus brillante qu'un palais,
Roc où le nouveau Prométhée
Traîna sa chaîne détestée,
Rongé par le vautour anglais !

Salut ! solitaire vallée !
Salut ! saule aux rameaux pendants,
Tombe, où sa dépouille exilée
Dort captive depuis vingt ans !
C'est ici ! levez cette pierre !
Qu'allons-nous voir ? — De la poussière !
Quelques débris d'un fer rouillé !
O néant de nos destinées !
Restes de ce qui, vingt années,
Tint l'univers agenouillé !

Soudain chaque front se découvre,
Les yeux de pleurs sont inondés ;
Et voilà que le cercueil s'ouvre !....
Est-ce un miracle ?.... Regardez.....
— C'est lui ! C'est ce front qu'on adore !
Cet œil fermé va-t-il encore

Fasciner le monde ébloui?
Exempt du commun anathème,
Va-t-il revivre? La mort même
N'a pas osé toucher à lui!....

Le cercueil vénéré s'avance;
Il monte, et du vaisseau tremblant
Nos soldats, courbés en silence,
Ont senti tressaillir le flanc.
Alors, des voûtes éternelles,
On vit un aigle aux larges ailes
Descendre et planer sur le bord;
Puis, ouvrant sa vaste envergure,
Avec des cris d'heureux augure
Prendre sa course vers le nord.

Le navire, ardent à le suivre,
S'élance sur les flots amers;
Il court, et sa poupe de cuivre
Fait blanchir les vagues des mers.
Le soleil brûlant des tropiques
L'inonde de splendeurs magiques,
Pareil au soleil d'Austerlitz,
Sous qui le drapeau tricolore
Brilla du couchant à l'aurore,
Couvrant l'univers de ses plis.

III.

Mais bientôt l'Océan gronde, le ciel se voile,
La voix de l'ouragan mugit dans chaque voile;

Le monde épouvanté s'agite avec effort;
La mer envahit les campagnes,
Les fleuves débordés descendent des montagnes,
Entraînant après eux le désastre et la mort.

Eh quoi ! même aujourd'hui que tu n'es que poussière,
On ne saurait toucher à ta cendre guerrière
Sans que le monde tremble au bruit de ton cercueil !
Les lauriers, maintenant, attirent donc la foudre !
Et, prêt à replonger l'univers dans la poudre,
L'ange exterminateur veillait sur ton écueil !

O vainqueur! Dieu t'a fait une grandeur fatale;
Vivant, tu mis le pied sur l'Europe vassale,
Et l'Europe manqua sous ton pied de géant;
Mort, tu ne peux dormir paisible,
Et ton cercueil, qui passe avec ton nom terrible,
Fait tressaillir les mers ! — Vaincras-tu l'Océan?

Quel naufrage sublime entre tous les naufrages,
Si tu t'engloutissais au milieu des orages !
L'Océan, ce concert d'épouvante et d'effroi,
Quelle voix pour chanter l'hymne des funérailles !
L'Océan, cet abîme aux immenses entrailles,
Quel tombeau gigantesque et seul digne de toi !

IV.

Il entre dans la rade, échappé des tempêtes.
Le voilà ! le voilà ! des millions de têtes
S'approchent et disent son nom.
Les acclamations annoncent son passage ;

On n'entend qu'un seul cri, de rivage en rivage :
— « Napoléon ! Napoléon ! »

Le voici dans sa gloire avec ses renommées,
Avec ce drapeau saint qui guidait nos armées ;
 Saluez ! soldats invaincus !
O France ! incline-toi. C'est lui ! c'est le grand homme !
Gloire à ces matelots qui rapportent à Rome
 Les cendres de Germanicus !

Ouvre-toi devant lui, dôme des Invalides !
Et vous, ses compagnons, vous, guerriers intrépides,
 Debout ! à vos rangs ! le voilà !
Dites s'il fut jadis, dans les temps de vos gloires,
Au temps où vous comptiez les jours par des victoires,
 Un jour plus beau que celui-là !

Les ombres de vingt rois, pour l'accueillir venues,
De Paris triomphant bordent les avenues,
 Ainsi qu'un cortége d'honneur !
Toute haine s'endort sur le cercueil sublime,
Et la France, debout, d'une voix unanime,
 Répète : — « Vive l'Empereur ! »

Oui : vive l'Empereur, et honte à ceux qui pleurent !
Napoléon n'est pas de ces héros qui meurent
 Tout entiers sous un monument ;
L'avenir ne peut rien contre sa destinée ;
De siècle en siècle il marche, et d'année en année
 Il grandit éternellement !!!

Décembre 1840.

AMOUR

A MARIE DÉSIRÉE.

Lorsque je vois tes yeux, ma plus vive souffrance
    Sous ton regard s'évanouit ;
Lorsque tu me souris, la fleur de l'espérance
    En moi brille et s'épanouit !

Quand tu me dis : — « Je t'aime ! » — O ma seule adorée,
    Les cieux alors me sont ouverts,
La terre est trop étroite à mon âme enivrée,
    Je suis le roi de l'univers !

Je suis poëte alors ; car les feux du génie
    Rayonnent sur moi de tes yeux ;
Car de ton cœur au mien un fleuve d'harmonie
    Descend à flots mélodieux.

Mais viens-tu par hasard à détourner la tête,
    Je m'égare en tristes accords :
Ma poésie en deuil perd ses habits de fête,
    Ma voix et mon bonheur sont morts.

Et si je cherche encore au dedans de moi-même,
Comme on cherche un songe au réveil,
Ce que chantait mon cœur quand tu disais : — « Je t'aime ! »
Quand brillait ton regard vermeil,

La joie et le sourire, avec ton doux visage,
Abandonnent mon front penché :
L'oiseau mélodieux se tait sous le feuillage,
Lorsque le soleil est caché.

LE
MONUMENT DE MOLIÈRE

POÈME

Mentionné honorablement par l'Académie Française

CONCOURS DE POÉSIE DE 1843

> Le siècle de Louis, le siècle des beaux-arts
> N'accorda qu'à regret, vaincu par la prière,
> Du pain au grand Corneille, une tombe à Molière.
> C. DELAVIGNE.

Un soir, c'était au temps où la cité du bruit
Ne vivait que le jour et s'endormait la nuit,
A l'heure où, dans Paris, plein de périls sans nombre,
Se hâtait le bourgeois surpris au loin par l'ombre;
Où le noble, escorté de valets, de flambeaux,
Sous son pesant carrosse et ses quatre chevaux
Faisait frémir le sol durci par la froidure.
Dans une chambre vaste et d'antique structure,
Que l'âtre illuminait de son reflet errant,
Un homme, en son fauteuil, gisait pâle et mourant.
Sur ce noble visage usé par la souffrance
Deux Sœurs de charité cherchaient une espérance,

Et n'y trouvant plus rien que maux et que douleurs,
Mêlaient aux derniers soins des psaumes et des pleurs.
Cet homme, un des plus grands dont notre France est fière,
Était Plaute et Térence, et s'appelait Molière.

Déjà souffrant du mal qui devait l'emporter,
Il avait sur la scène encor voulu monter :
— « Qu'importe ! avait-il dit, maint pauvre camarade
Attend de moi son pain : je joûrai mon *Malade*,
Dussé-je le jouer pour la dernière fois ! »
Paris était venu s'égayer à sa voix.
Mais, répondant du rire aux rires du parterre,
Il avait ressenti l'atteinte meurtrière ;
Il tombait, par la mort frappé d'un trait vainqueur,
Victime de son art et de son noble cœur.

Soudain, comme le feu d'une lampe épuisée
Renaît, brille et s'éteint, cette grande âme usée
Reprend toute sa vie en un dernier effort,
Avant de la céder pour jamais à la mort :
Il laisse errer sa vue autour de cet asile,
Témoin d'une existence en chefs-d'œuvre fertile ;
Il contemple à regret ces livres délaissés,
Ces ouvrages épars et de sa main tracés,
Ces enfants aussi grands que leurs aînés peut-être,
Qui doivent avec lui mourir avant de naître.
Puis il salue enfin les vêtements d'Orgon,
De Tartufe, d'Argan, d'Alceste, d'Harpagon,
Usés sous les bravos d'un public idolâtre,
Et par Louis le Grand applaudis au théâtre,

De cet œil tout-puissant, qui dictait à la fois
Au bon goût des arrêts, aux nations des lois.

Alors, cachant sa tête entre ses mains glacées,
Il exhale en ces mots ses dernières pensées :
— « Je meurs ! et j'avais là bien des choses encor !
Je meurs ! et malgré moi j'emporte mon trésor,
Quand j'étais prêt peut-être à léguer à l'Europe
Encor quelque Tartufe ou quelque Misanthrope.
Si ces Français du moins, qu'en les raillant j'aimais,
Maintenant que mon rôle est fini pour jamais,
Que la toile a baisé sur ma scène dernière,
Gardaient le souvenir de leur pauvre Molière !
Ils ne m'oublîront pas ; c'est mon plus doux espoir !
Sur les bancs du théâtre il me semble les voir,
Corrigés par le rire et devenus plus sages,
Applaudir aux portraits tracés dans mes ouvrages !
Ils se lèvent en foule, et mon front couronné....!
A ce bel avenir suis-je donc destiné ?
Je crois voir... Oui ! je vois, rassemblé dans la rue,
Le peuple de Paris saluer ma statue !
Pardonnez-moi, mon Dieu, ma folle vanité ! »
Soudain, croisant les bras sur son cœur agité :
— « J'étouffe ! » ajouta-t-il, et ses lèvres plaintives,
Aux prières des Sœurs à sa voix attentives,
Tentèrent de mêler quelques soupirs confus ;
Il se tut, s'arrêta.... Molière n'était plus !

Le lendemain, les cris de cette foule vaine,
Qui se livre en aveugle au premier qui l'entraîne,

Et ne sait respecter ni les pleurs ni le deuil,
Du grand poëte mort outrageaient le cercueil.
Un ministre du Dieu d'amour et de prière
Refusait une tombe à l'humaine poussière
De qui vécut en sage et mourut en chrétien :
Paris était ligué contre un homme de bien.
L'absurde fanatisme animait d'un saint zèle
Tous les Orgon du jour, gens à faible cervelle,
Qui, pour justifier ce refus absolu,
Alléguaient le *Tartufe* et ne l'avaient pas lu.
Enfin, ce fut par grâce, ô honte de l'histoire!
Que ce siècle des arts, des talents, de la gloire,
Ce siècle de Louis, si brillant et si beau,
Fit à Molière mort l'aumône d'un tombeau!

Génie observateur, dont la vue exercée
Lisait si bien au fond de l'humaine pensée,
T'étais-tu donc trompé pour la première fois,
Lorsqu'en songe tu vis la France, d'une voix,
Décernant à ta cendre un hommage suprême,
En honorant ton nom, s'honorer elle-même?
Non! tu savais trop bien qu'en un sûr avenir,
L'heure de la justice à son tour doit venir.
Tu te l'étais prédite et tu l'as attendue.
L'homme peut, du génie, à qui la gloire est due,
Insulter la puissance et renverser l'autel ;
Le génie attendra, car il est immortel!

Deux siècles ont passé. Tous ces nains dont la rage
Prodiguait au grand homme et la haine et l'outrage,

Ces détracteurs, ce peuple ameuté contre lui,
Ces ennemis si fiers, où sont-ils aujourd'hui?
Ils dorment sans mémoire, et l'oubli les dévore,
Sans qu'on daigne une fois les évoquer encore
Du néant éternel où Dieu les a plongés,
Pour leur montrer Molière et la raison vengés.
Car l'heure expiatoire à son tour est venue;
La France a mieux compris cette âme méconnue
Et, par ses œuvres même, instruite à l'admirer,
Au moderne Ménandre a voulu consacrer
Un de ces monuments dont la splendeur rayonne
Du talent qui l'obtient au peuple qui le donne.
Au lieu même où Molière expira, triste, seul,
Dans la rue où le peuple insulta son linceul,
Sur le sol illustré par sa demeure antique,
Visconti fait surgir un élégant portique.
Là, comme dans un temple immortel désormais,
Brille un socle superbe, où veillent à jamais
Deux Muses que Pradier, ce nouveau Praxitèle,
Fit naître et revêtit d'une forme immortelle.
La première, enfant pure, au maintien sérieux,
Élève noblement son front aimé des cieux.
Semblable en sa parure à ces vierges d'Athène,
Qui nouaient d'un bandeau leurs longs cheveux d'ébène;
Comme elles belle et fière, et sur un corps charmant
Drapant à plis nombreux un chaste vêtement,
Elle montre à nos yeux et nous personnifie
Cette moralité, cette philosophie
Par lesquelles Molière, *illustrant ses écrits*,
Sur la scène comique *a remporté le prix.*

La seconde, plus leste, en sa grâce mutine,
Semble allier Scapin, Sganarelle et Martine.
Du lierre inspirateur ses cheveux couronnés,
Sur un front souriant flottent dissiminés ;
Sa robe ouverte échappe à sa gorge lascive ;
Son geste est agaçant, son œil gai, sa main vive ;
Elle tient ce bâton à frapper toujours prêt
Sur Géronte ou Dandin, Sosie ou Jodelet.
L'autre avait la sagesse, elle a pris la folie ;
L'autre est belle, il lui sied de n'être que jolie ;
Elle est le type enfin du gros rire joyeux,
Du comique bouffon qui charmait nos aïeux.
Toutes deux cependant, par diverses idées,
Tendant au même but, toutes deux accoudées
Au piédestal sublime où Molière est assis,
Attachent sur lui seul leurs yeux et leurs esprits.

Molière, en cette noble et rêveuse attitude,
Que lui donnaient jadis la pensée et l'étude,
Semble les dominer de toute sa hauteur.
Son large front s'incline, et son œil scrutateur
Fixé sur cette rue où la foule, sans cesse,
Comme en un centre afflue, et se croise, et se presse,
Étudie à loisir ces visages divers :
Les masques ont changé, mais non pas les travers.
Seurre ainsi nous le montre, ainsi, dans son œil grave
Et sur sa noble bouche, un sourire se grave,
Sourire amer et doux qui juge les humains.
La plume, le papier sont encor dans ses mains ;
Il pense, il va parler ! il vit.... La France entière

D'un généreux transport te salue, ô Molière !

Et vous, Sénat illustre entre mille rivaux,
Arbitres du bon goût, qui par vos longs travaux,
Surpassez de si loin quiconque écrit et pense,
Vous, l'exemple du monde et l'orgueil de la France ;
Au Comique immortel vous offrez aujourd'hui
Un monument plus beau, plus grand, mieux fait pour lui :
Ce prix donné par vous, dans ce séjour insigne,
Voilà le piédestal dont Molière était digne,
Car il n'est pas fondé sur le marbre ou l'airain,
Frêles sujets du Temps, soumis au lendemain,
Mais sur ce qui peut rendre une gloire infinie,
Sur le culte et l'amour qu'inspire le génie !
Osez donc maintenant, osez anéantir
Ces mots tracés jadis au jour du repentir :
— « Rien ne manque à sa gloire, il manquait à la nôtre ! »
Ce cri d'un autre temps n'est plus fait pour le vôtre.
Lorsque désavouant d'injustes devanciers,
L'Académie en deuil couronna de lauriers
Le buste de Molière accueilli comme un hôte,
Elle se fit honneur en confessant sa faute.
Mais en plaçant si haut le poëte outragé,
De ses persécuteurs vous l'avez mieux vengé ;
Vous avez à la vôtre enchaîné sa mémoire :
— « Molière est désormais acquis à votre gloire ! »

BOUQUET DE BAL

A MARIE DÉSIRÉE.

Alors, c'était au temps où je doutais encore,
Où je disais tout bas, follement éperdu :
— « Je ne suis pas aimé; c'est en vain que j'adore! »
Et ton regard au mien n'avait pas répondu.

Alors, voyant mes fleurs à l'abandon laissées,
Voyant le bal joyeux de leurs débris semé,
Je me livrais en proie à mes tristes pensées,
Et je désespérais d'être jamais aimé.

Ah! laisse maintenant, pour toute la soirée,
Le bouquet oublié se faner dans un coin ;
Pourvu que par instants je voie, ô Désirée!
Tes yeux, mon tendre espoir, me sourire de loin !

Qu'importe le parfum qui meurt avec la rose,
Ou le camélia qui tombe sous tes pas !
N'est-il pas une fleur, dans nos deux cœurs éclose,
Fleur au parfum divin, fleur qui ne mourra pas?

LES DEUX ANGES

A MON CHER FILS PAUL.

Quand j'ignorais encor que la vie est amère ;
Quand je ne connaissais, de ce monde nouveau,
    Que la douce voix de ma mère
Et son visage aimant penché sur mon berceau,

Un ange radieux me souriait en rêve ;
Sa tête aux cheveux blonds brillait d'un éclat pur
    Comme l'aurore qui se lève,
Et je lisais l'espoir dans ses grands yeux d'azur.

Il volait devant moi tel qu'un oiseau rapide,
Me couvrant de son aile, et la paix du Seigneur
    Inondait mon âme limpide ;
Car cet ange adoré s'appelait LE BONHEUR.

Mais les jours ont passé ; le messager de joie
Qui devançait mes pas, s'est lassé du chemin ;
    Il s'est détourné de ma voie,
Sa main consolatrice a délaissé ma main.

A peine si parfois je l'entrevois encore,
Cet astre qui brilla sur mon joyeux matin.
    Il fuit, pâlissant météore,
Et se perd dans la brume à l'horizon lointain.

Il ne reviendra plus, aux heures de tristesse,
Illuminer ma nuit d'un rayon de ses yeux;
    Dans mon cœur ses chants d'allégresse
Ne réveilleront plus un seul écho joyeux.

Doux ange, cher soutien de mon heureuse enfance,
Qui me guidais partout, quand je n'avais senti
    Ni la tristesse ni l'offense,
Pour quels bords préférés, doux ange, es-tu parti?

Es-tu sous l'humble toit, où je te vis sourire
Dans les yeux de ma mère, à mon premier réveil?
    Aux bords du ruisseau qui soupire?
Dans le bois qui frémit au lever du soleil?

Es-tu sous les cyprès, au coin du cimetière,
Où j'ai vu déposer mon frère, mon seul bien,
    Pauvre enfant qui dort sous la pierre,
Cœur brisé, qui jamais ne battra près du mien?

Es-tu dans un baiser de celle qui, tranquille,
Repose sur mon sein gonflé d'émotion;
    Comme dans son nid qui vacille,
Près des flots orageux se berce l'Alcyon?

LES DEUX ANGES.

Es-tu dans ces milliers de limpides étoiles,
Dont j'admirais, enfant, l'éclat mystérieux?
    Où te caches-tu? sous quels voiles?
Es-tu sur terre encore? as-tu fui dans les cieux?

Hélas! c'est un autre ange au sévère visage
Qui me montre aujourd'hui l'horizon menaçant.
    Il marche au milieu d'un orage,
Et ses yeux sont rougis de larmes et de sang.

Lorsque vers l'avenir, où maint éclair s'allume,
Il tourne son œil morne et son front sans couleur,
    Mon cœur se gonfle d'amertume;
Car cet ange effrayant s'appelle LA DOULEUR.

Adieu donc pour jamais, bel ange de la joie!
Toi, son frère, salut! je t'attends sans remord;
    C'est aussi le ciel qui t'envoie,
Ainsi que l'ouragan, la tempête et la mort.

Salut, ange des pleurs! je te crains et je t'aime;
Je te crains, car ton œil est noir comme la nuit;
    Je t'aime, car sur ton front blême
J'entrevois un reflet du jour pur qui te suit.

Je te crains, car ta main fatale et toujours sûre
Ne doit toucher mon cœur que pour l'endolorir.
    Je t'aime, car chaque blessure
Rend mon âme plus forte et m'apprend à souffrir.

Frappe donc ! je suis prêt. Bien que mon cœur chancelle,
L'espérance y survit, rebelle à ton pouvoir.
    La Consolatrice éternelle
Dort jusque dans les plis de ton vêtement noir.

Que dis-je, Esprit fatal ! mon cœur n'est point ta proie,
Un astre brille encor dans mon ciel assombri ;
    Car je vois l'ange de la joie
S'éveiller dans les yeux de mon enfant chéri.

LA JEUNE FILLE
ET LE RUISSEAU

BALLADE SUÉDOISE

La jeune fille, assise sur la rive,
    Baigne ses pieds dans le ruisseau;
Quand une voix à son oreille arrive
    En gémissant du fond de l'eau :

— « Que faites-vous, enfant aux tresses blondes?
    Ne troublez pas mon cristal pur.
Je ne vois plus dans mes limpides ondes
    Se refléter le ciel d'azur. »

Les yeux en pleurs, la triste jeune fille
    Se penche et dit : — « Ruisseau plaintif,
Ne gémis pas si ton cristal qui brille
    Se trouble sous mon pied furtif.

« L'onde mobile, à présent agitée,
    Dans un moment s'éclaircira,

Et de l'azur l'image reflétée
　　Plus brillante y resplendira.

« Mais quand tu vis ce jeune homme sourire
　　En me parlant à deux genoux,
C'était à lui qu'il aurait fallu dire :
　　— « O jeune homme, que faites-vous?

« N'agitez pas d'un trouble qu'il ignore
　　« Ce cœur pur et silencieux,
« Qui ne pourra ni s'éclaircir encore,
　　« Ni refléter l'azur des cieux ! »

RETRAITE

A MARIE DÉSIRÉE.

> Ille mihi terrarum præter omnes
> Angulus ridet.
> HORACE.

Viens ! réfugions-nous ensemble
Loin de la foule, loin du bruit,
Loin de ce Paris où je tremble
Pour mon bonheur que tout détruit.

Viens ! le logis qui nous recueille
N'a rien d'orgueilleux ni de grand ;
Mais la vigne et le chèvrefeuille
Lui font un ombrage odorant.

Pauvre demeure inaperçue,
Ses murs sont gris et déjà vieux ;
De son toit la tuile moussue
N'attire pas l'œil envieux.

Mais le soleil levant la dore
Au matin d'un premier regard ;
Le soir il la salue encore
Comme une amie à son départ.

Le jardin n'est qu'une corbeille,
Mais il est tout rempli de fleurs ;
Maint papillon et mainte abeille
Du miel y butinent les pleurs ;

Et sur la charmille petite
Que franchit l'oiseau voltigeant,
Le jasmin et la clématite
Ouvrent leurs étoiles d'argent.

Un arbrisseau, de sa verdure,
Y couvre cent êtres unis,
Les uns creusant la terre obscure
Les autres bâtissant leurs nids.

Sous une feuille un peuple existe :
La mouche y suspend son essor,
La fourmi noire y suit sa piste,
La chenille y tend ses fils d'or.

Un monde entier s'agite et passe
Dans ce coin béni du Seigneur.
A quoi bon chercher plus d'espace,
En faut-il tant pour le bonheur ?

Sceaux, Août 1849.

L'ÉTOILE DU SOIR

SONNET

Pense à moi, pour calmer ta peine,
Quand le soleil, qui s'est enfui
Sous l'horizon de pourpre, entraîne
Ses derniers rayons après lui.

Sur le front de la nuit sereine,
Quand la première étoile a lui,
Telle qu'un diamant de reine,
Pense à moi dans ton triste ennui.

Car c'est l'heure où le cœur soupire,
Où l'absent vers qui l'on aspire,
Tient ses regards au ciel fixés ;

Il cherche la première étoile,
Et de larmes son œil se voile
Au souvenir des jours passés.

SUR LA MORT
D'UN CHAT FAVORI

A MADAME VICTORINE R***

C'était dans un riant parterre :
Les roses, filles du Printemps,
Embaumaient les cieux éclatants
Des plus doux parfums de la terre.

Trilby courait par le jardin,
Se faisant jeu de toutes choses.
Des herbes, du sable, des roses.
Il arriva près du bassin.

D'abord, côtoyant le rivage,
Il en fit le tour, s'approcha,
S'enfuit, revint, puis se pencha.
O témérité du jeune âge !

Alors, quel prodige inouï !
Il voit, chaque fois qu'il s'avance,
S'avancer de même, en silence,
Un compagnon semblable à lui.

SUR LA MORT D'UN CHAT FAVORI.

Ce sont bien des formes pareilles,
C'est bien son air doux et hardi,
Son front avec grâce arrondi,
Ce sont ses mobiles oreilles.

C'est bien son pelage soyeux,
Zébré de lignes chatoyantes,
Ses longues moustaches brillantes,
Les émeraudes de ses yeux.

Il regarde et frémit de joie;
Son dos se gonfle avec amour;
Sa queue, en ondoyant contour,
S'étend, se roule et se reploie.

A son plus léger mouvement,
La vision enchanteresse
Semble lui rendre sa caresse
Et se rapprocher doucement.

Il se penche, se penche encore;
Son mauvais destin l'a poussé,
Dans l'eau trompeuse il a glissé,
Et la vision s'évapore !....

Vainement trois fois sur les flots
Il releva sa tête humide,
En invoquant la Néréide
Qui resta sourde à ses sanglots.

Au milieu de l'herbe embaumée
Voyez-le maintenant glacé ;
Les ondes ne nous ont laissé
Que sa dépouille inanimée.

Ses yeux ne se rouvriront plus ;
Vainement sa mère plaintive
Fera retentir sur la rive
Ses gémissements superflus.

Adieu pour jamais sa tendresse
Qui vous amusait tous les jours,
Adieu ses pattes de velours
Et sa doucereuse allégresse !

Jamais plus vous ne le verrez,
Étalant sa grâce coquette,
De sa tête aujourd'hui muette,
Caresser vos pieds adorés.

Vos légers pelotons de soie
Se reposeront désormais ;
Ils ne lui seront plus jamais
Un sujet de jeux et de joie.

Que de biens en un jour perdus !
Pour tant de beauté, tant de charmes,
Madame, gardez quelques larmes,
Votre joyeux Trilby n'est plus !

PETIT OISEAU

Petit oiseau, petit oiseau,
Qui viens confiant, toi si frêle,
Sautiller et frémir de l'aile
Tout près de nous sur un rameau,
Tu charmes la vue attentive
De mon Paul qui te suit des yeux.
Voyageur ailé, fils des cieux,
D'où viens-tu donc sur notre rive?

Petit oiseau, petit oiseau,
Connais-tu de mon doux village
Le vieux clocher, le frais ombrage
Où dorment les morts au tombeau?
Connais-tu la tombe fleurie
De mon frère que tant j'aimais,
Qui s'en est allé pour jamais
Revivre en une autre patrie?

Petit oiseau, petit oiseau,
Va, sur la tombe toujours verte,

Cueillir la fleur bleue entr'ouverte
Aux premiers feux du jour nouveau,
La fleur qui dit : — « A toi je pense,
Absent qui ne peux revenir ! »
Fleur qui lègue le souvenir
A ceux qui n'ont plus l'espérance.

Petit oiseau, petit oiseau,
Reviens vite en notre demeure,
Où mon petit Paul rit et pleure,
Porter la fleur à son berceau.
J'attacherai le doux emblème
Entre ses rideaux satinés.
Les reliques de ceux qu'on aime
Portent bonheur aux nouveaux-nés.

L'ENFANT PERDU

Ces vers sont le simple récit d'un fait qui s'est passé à Montigny, près Rouen,
en août 1846.

Enfants, ne courez pas trop avant dans les bois.
De celui qui s'y perd on n'entend plus la voix ;
Il ne reverra plus ni sa chère demeure,
Ni les jeux qu'il aimait, ni sa mère qui pleure,
Et qui l'appelle en vain dans les sentiers fleuris.
Le vent de la forêt emportera ses cris.

Là-bas, pareil au nid caché sous le feuillage,
Il est un toit de chaume écarté du village,
Par les bois entouré, seul et silencieux.
C'était là que vivaient, loin du bruit et des yeux,
Une veuve et son fils grandi sous la feuillée,
Un lutin de six ans à la mine éveillée,
Grand dénicheur d'oiseaux, chasseur de papillons,
Plus qu'un roi dans sa pourpre, heureux dans ses haillons.
— Sous le modeste abri de leur vie inconnue,
De la ville voisine une femme est venue,
Une mère, amenant, peut-être pour mourir,

Sa fille qui souffrait sans espoir de guérir.
Un fils l'accompagnait, ange plus frais, plus rose
Que la fleur d'églantier sur les buissons éclose,
De sa mère l'espoir et la félicité,
Et qui trois fois encor n'avait pas vu l'été.

Belle enfance ! âge heureux, où l'âme pure et franche,
Comme un lis au soleil, toute en parfum s'épanche,
Où le cœur sans détour s'ouvrant à l'amitié,
Ne sait ni recevoir ni donner à moitié.
Le jeune villageois, dans son étroit domaine,
Accueille avec transport, avec orgueil promène
L'enfant de la cité, pour qui tout est nouveau.
A lui le plus beau sable et le fruit le plus beau,
Les fleurs, les papillons ; à lui mille autres choses
Qu'embellissent ses doigts si petits et si roses.
Il faut tout voir, tout prendre. — Allez, beaux étourdis,
Jouissez d'être heureux dans votre paradis,
Sans chercher au dehors de brillantes chimères.
Allez, et suivez bien les avis de vos mères :
Dieu versa, dans ces cœurs qui vous ont mis au jour,
Sa plus sainte prudence et son plus pur amour.
Si vos mères ont dit que vous restiez près d'elles,
Ne croyez pas qu'au loin les routes soient plus belles,
Ne quittez pas l'enclos ! — Mais l'oiseau fugitif
Au travers de la haie a pris un vol furtif ;
Il faut trouver son nid dans sa verte retraite.
Plus loin, un papillon de fleur en fleur s'arrête ;
On court, on le poursuit sous le soleil brûlant.
Le faible enfant bientôt marche d'un pas plus lent,

Il s'attarde aux genêts dont la fleur d'or embaume,
Aux taillis d'où la fraise exhale un doux arôme;
Et déjà le soleil, sous l'ombrage plus noir,
Versait obliquement ces longs rayons du soir
Où d'insectes dorés un flot poudreux s'agite.
Le jeune villageois s'est avancé plus vite.
Tout à coup, au détour d'un chemin écarté,
Il s'arrête, il est seul....! À son cri répété
Rien ne répond au loin que l'écho solitaire.
Il va, tant qu'un rayon luit encor sur la terre,
Cherchant son compagnon par sa faute égaré.
La nuit se fait obscure, et, seul, désespéré,
Il gagne en sanglotant la maison paternelle.
Mais il n'ose y porter la terrible nouvelle;
Il attend avec crainte, et blotti dans un coin,
Qu'une inquiète voix le rappelle de loin.
Enfin il se décide à quitter sa cachette.
— « Qu'as-tu fait de mon fils? » — L'enfant baisse la tête,
Il se tait; mais pour lui ses yeux ont répondu.
La mère a tout compris; son enfant est perdu.
Son fils, dernière fleur de larmes arrosée,
Seul rayon qui brillât dans son âme épuisée,
Seule voix qui d'espoir lui parlât en secret
Près du lit douloureux où sa fille expirait.
Perdu ! qui comprendra le terrible martyre
De ce cœur que l'angoisse en deux moitiés déchire?
Que faire? demeurer, ou courir dans les bois?
Lequel choisir? comment s'immoler à la fois
A ces deux désespoirs qui partagent son être :
Sa fille qui se meurt et son fils mort peut-être?

L'anxiété l'emporte, et, pâle, l'œil hagard,
En appelant son fils elle court au hasard.
Le jour la retrouva livrée à l'affreux doute,
Redemandant son fils au passant sur la route,
A la ferme isolée, au village, en tout lieu....
Personne ne l'a vu, personne.... excepté Dieu.
— Seul un vieux bûcheron, au milieu du bois sombre,
A, dit-on, entendu des cris plaintifs dans l'ombre.
— Tous les gens du hameau consommèrent ce jour
A courir la forêt et les bois d'alentour.
Bien longtemps les crieurs, dans la ville voisine,
Firent tinter leur cloche à la voix argentine,
Et retentir partout ce cri désespéré :
— « Ramenez à sa mère un enfant égaré ! »

La nuit vient de nouveau, nuit sombre, nuit d'orage ;
Ainsi qu'un linceul noir, un ténébreux nuage
S'étend sur la forêt ; la foudre gronde et luit :
Le tonnerre est tombé six fois dans cette nuit !
Chacun sans espérance a gagné sa chaumière ;
Sa mère espère encore, elle court, la dernière,
Sous ces flots pluvieux dont rien ne la défend ;
Elle tremble, elle a peur,... oui, peur... pour son enfant !
L'éclair guide ses pas, et sa voix plus perçante
Vibre dans la forêt sous le vent mugissante....
Et rien...! L'aube apparaît. Dans son dédain cruel,
La terre en s'éveillant sourit aux feux du ciel ;
La forêt tout humide en est plus belle encore,
Et l'hymne des oiseaux a salué l'aurore.
Pauvre mère ! elle va, tombant à chaque pas ;

L'ENFANT PERDU.

Mais elle se relève et ne s'arrête pas.
En la voyant errer sans but et sans parole,
Le passant matinal dit tout bas : — « Elle est folle ! »
Le délire, en effet, de sa force vainqueur,
A tout espoir brisé succédait en son cœur.
Grand Dieu ! Là, sur le bord de la mare fangeuse,
Où s'amassent les eaux de la nuit orageuse,
C'est un soulier d'enfant, c'est le sien !..... Il est là !
N'a-t-elle pas cru voir, sous l'onde qui s'enfla,
Sa tête s'élever convulsive, inondée?
Mais, non ; de chaque bord l'onde est longtemps sondée ;
Rien n'est trouvé... Son fils n'est pas mort sous les eaux.
Elle se lève, elle erre à travers les roseaux ;
La ronce la déchire, elle marche, intrépide ;
Qu'importe la douleur ! Dieu lui-même la guide.
Que voit-elle là-bas? un lambeau suspendu....
Et là.... sous un buisson.... c'est lui, l'enfant perdu !

Dieu ! qu'il avait pâli ce beau visage d'ange !
Sur l'herbe, inanimé, sanglant, souillé de fange,
Il était étendu. — D'un bond précipité
Jusqu'au lit de sa sœur la mère l'a porté,
Et la sœur, pâlissant de joie et d'espérance,
A tout à coup senti décroître sa souffrance.
Mais son frère doit-il survivre à ses douleurs ?....
Lorsque l'orage a fui, Dieu prend pitié des fleurs.
Ses yeux, encor gonflés par son angoisse amère,
Ses yeux se sont ouverts pour sourire à sa mère....
Et la mère inondait de ses larmes d'amour
Ses deux enfants que Dieu lui rendait en un jour.

16.

PAYSAGE

A ALBERT HAUGUET.

Ami, j'étais assis sur la falaise ardue,
D'où mes yeux embrassaient un immense pays ;
Et, rêveur, je laissais errer dans l'étendue
    Mes regards éblouis.

Je voyais devant moi ma verte Normandie,
Ses prés couverts de fleurs, ses fertiles guérets,
Et ses monts, où soufflait une brise attiédie
    Par l'ombre des forêts.

Le soleil rayonnait au-dessus de ma tête ;
De bleuâtres vapeurs à l'horizon flottaient,
Et les vieux toits de chaume avaient un air de fête,
    Et les oiseaux chantaient.

Un gothique clocher perçait entre les arbres,
Roi du village, et fier de son noble appareil ;

PAYSAGE.

Les rochers éloignés brillaient comme des marbres,
    Aux rayons du soleil.

La Seine, découpant le vaste paysage,
Errait, serpent d'azur au gracieux contour,
Reflétant sur ses eaux et le ciel sans nuage
    Et les bois d'alentour.

Elle se divisait parmi de vertes îles,
Puis dans un vallon creux cachait son cours changeant,
Enfin reparaissait entre deux champs fertiles,
    Comme un ruban d'argent.

Ce grand fleuve à mes pieds, et cet horizon vaste,
Ces champs, ces monts, ces bois, ce village écarté,
Composaient un spectacle immense, plein de faste
    Et de sérénité.

Alors je vis de loin apparaître les hunes
De deux sloops qui voguaient ensemble remontant;
Entre leurs mâts légers s'enflaient ces voiles brunes
    Dont l'aspect te plaît tant.

Ils couraient tous les deux avec les mêmes brises;
Pour tous deux le soleil n'avait qu'un seul rayon,
Et les flots, soulevés par leurs carènes grises,
    Ne formaient qu'un sillon.

Or doucement vers toi mon âme ramenée,
Tandis que mon regard se perdait sur les eaux,

Comparait de nos jours la double destinée
    Aux deux légers vaisseaux.

Ainsi tous deux, bercés entre de beaux rivages,
Sous un dôme d'azur et sur de calmes flots,
Puissions-nous n'embarquer, pour nos heureux voyages,
    Que de gais matelots;

Puissions-nous, si le vent séparait nos voilures,
Après avoir du temps éprouvé les rigueurs,
Nous retrouver, changés peut-être de figures,
    Mais semblables de cœurs;

Alors, comme ces sloops remontant de conserve,
Lassés de tous les flots rebelles ou soumis,
Surgir enfin au port que le ciel nous réserve,
    Toujours, toujours amis!

DERNIER VŒU

Quand vous rendrez ma dépouille à la terre,
Ne placez point de marbre sur mon corps,
Pour qu'au printemps quelque fleur solitaire
Y puisse éclore et parfume au dehors.

Les morts couchés sous de pompeuses tombes
Ne sentent pas nos larmes les mouiller,
N'entendent pas roucouler les colombes,
Ni les oiseaux le matin gazouiller.

A tout jamais pèse sur leur poitrine
Un marbre épais encor plus glacé qu'eux,
Que le soleil vainement illumine,
Sans qu'au travers passe un rayon joyeux.

De leur ennui rien ne vient les distraire,
Et si le cœur que la vie a quitté
Palpite encor dans son lit funéraire,
Qu'il doit souffrir pendant l'éternité !

Déposez-moi dans les champs, sous la mousse,
Semez autour des fleurs et du gazon,
Qu'au renouveau quelque buisson y pousse,
Que les oiseaux y fassent leur maison.

Que sans effroi les filles du village,
Après la danse, y cueillent, vers le soir,
La fleur des prés dont le muet langage
Parle d'amour et présage l'espoir.

N'y mettez pas d'épitaphes ornées,
Rien qu'une croix où vous puissiez venir,
Et qui, détruite au bout de peu d'années,
Aura duré plus que mon souvenir.

LA
STATUE DU POUSSIN
AUX ANDELYS

Et in Arcadiâ ego.

Seine, fleuve immortel, fleuve aux limpides ondes,
Tu roules doucement par les plaines fécondes,
Par les riches cités, en sinueux détours;
Comme si tu voulais, Naïade fugitive,
Épuiser tes trésors sur la fertile rive
    Où tu suis ton paisible cours.

Arrête, et viens mêler, témoin de notre joie,
Ta fraîcheur à l'air pur que le printemps envoie;
Tu dois favoriser notre pieux dessein.
Et toi, sous ta forêt, près de l'onde étalée,
Embaume l'air des fleurs de ta verte vallée,
    Cité, frais berceau du Poussin.

Longtemps tu souhaitas cette grande journée;
Longtemps Poussin absent troubla ta destinée;

Par son image enfin tes murs sont embellis.
En payant cette dette à toi-même, à l'histoire,
Lève un front orgueilleux et tressaille de gloire,
    Ville antique des Andelys.

O Poussin! tu revis; nous te voyons encore
Tel qu'aux jours où l'idée ardente et près d'éclore
Fermentait dans ton cœur sourdement combattu.
On lit dans ton regard, dans ta tête pensante,
Le long enfantement de quelque œuvre naissante :
    O Poussin! à quoi rêves-tu?

    Rêves-tu de la plaine immense
    Que nourrit le Nil fortuné?
    Sur l'onde un berceau se balance,
    Où dort Moïse nouveau-né.
Fille des Pharaons, la brune souveraine
Ordonne, et le pêcheur au fleuve qui l'entraîne
    Ravit l'enfant prédestiné;

    L'enfant aux Hébreux salutaire,
    Que tu peins foulant sur la terre
    La couronne de Pharaon,
Délivrant Israël de son long esclavage,
Faisant tomber sur lui la manne du nuage,
    Et changeant en serpent sauvage
        La verge d'Aaron.

    Vois-tu, dans la profane histoire,
Rome, par un forfait préludant à sa gloire?

LA STATUE DU POUSSIN.

Romulus a donné le signal, et soudain
L'épouvante, les cris ont remplacé la joie,
    Et la Sabine, faible proie,
S'agite vainement dans les bras du Romain.

Ou des antiques mœurs cherches-tu le modèle?
Eudamidas, couché sur son lit de douleur,
Lègue à la piété de son ami fidèle
Le soin de soutenir et sa mère et sa sœur.
Naïveté sublime, empreinte d'un tel signe
De noble confiance et de vrai dévoûment,
Que, pour la bien comprendre, il fallait être digne
De faire ou d'accepter un pareil testament!

Mais te voilà touché d'une ferveur nouvelle.
    A ses genoux Jésus t'appelle :
    Qu'il est pur! qu'il est gracieux!
Sa Mère virginale entre ses bras le presse;
    Vers saint Jean, que sa main caresse,
    Son regard tendrement s'abaisse,
Divin reflet d'un cœur aussi grand que les cieux.

Qui mieux que toi comprit cette essence divine?
Le voilà! tu peins l'homme, et le Dieu se devine;
Il parle, et sa voix sainte éveille un noble écho;
Soit qu'avec quelques mots écrits sur la poussière,
Il chasse les bourreaux de la femme adultère,
Soit qu'il rompe le pain ou rende la lumière
    Aux aveugles de Jéricho.

Oui ! l'on t'a bien nommé le Peintre des pensées !
Voici que les Saisons, les mains entrelacées,
Autour du dieu Janus vont dansant devant toi.
Le Temps, qui les regarde avec un fin sourire,
Fait vibrer sous ses doigts les cordes de sa lyre,
    Et de leurs pas règle la loi.

Un semblable sujet t'inspire un nouveau rêve.
    — Le Printemps devient la blonde Ève,
Dont nul désir impur n'a fait battre le sein.
— L'Été, c'est la moisson, c'est Ruth, humble Glaneuse,
Ramassant les épis que, de sa gerbe heureuse,
Booz a sur ses pas répandus à dessein.
— L'Automne offre un raisin de la terre promise....
— Mais l'espace est voilé d'une ombre épaisse et grise;
Le soleil obscurci dans les cieux s'est perdu;
La foudre a sillonné les airs; l'homme éperdu,
Poursuivi par les eaux dans sa barque fragile,
Vers Dieu qui le poursuit lève un bras inutile;
L'onde envahit les toits, submerge les nochers;
Les reptiles impurs glissent sur les rochers.
Rien ne sera sauvé de l'immense tempête;
Ni celui qui des monts a pu toucher le faîte,
Ni celui qui se fie aux pieds de ses chevaux,
Ni l'enfant nouveau-né que, sans espoir, sa mère,
Sublime de douleur, élève vers son père :
L'onde immense ouvre à tous de mobiles tombeaux.
L'arche seule au lointain flotte, divin refuge;
C'est l'Hiver, la terreur, la mort, c'est le Déluge !

Qu'un jour plus pur succède à ces nuits de douleur !
Porte, blanche Colombe, un rameau d'espérance !
L'Arc-en-ciel resplendit en signe d'alliance,
La terre sort des eaux ; le Nature est en fleur.

Venez, Nymphes des bois, remplir votre corbeille !
Venez, Faunes, ravir au printemps de retour,
Ces trésors fugitifs de la saison vermeille,
    Trop beaux pour durer plus d'un jour.
Des fleurs ! des fleurs encore ! enlacez les guirlandes !
Flore vient sur un char brillant de vos offrandes,
Elle laisse après elle un parfum dans les bois ;
La rose sur ses pas s'ouvre et se renouvelle,
Du rossignol caché la chanson est plus belle :
Tout aime, tout fleurit, tout renaît à la fois.

N'est-ce pas le printemps de notre Normandie
Qui t'a de cette page inspiré la splendeur ;
Qui t'a fait voir encor, des champs de l'Arcadie,
    La luxuriante fraîcheur ?
Et, dans le frais vallon qu'un ciel pur illumine,
    La tombe où le berger s'incline,
      Lisant sur la pierre en ruine :
    — « Et moi je fus aussi pasteur ! »

Retour plein de pensée et de mélancolie,
Image de la mort au milieu de la vie !
— « Vous aussi, » dit la tombe, « amants, jeunes époux,
Bergers, pour qui la vie est si pure et si douce,
Un jour vous dormirez, comme lui, sous la mousse,
Où, jeune et beau jadis, il dansa comme vous ! »

Que de rêves encore en ton cœur tu caresses!
Tableaux ingénieux, formes enchanteresses,
Paysages baignés par un soleil divin;
C'est la claire fontaine où se mire Narcisse;
La rive du Pénée où succombe Eurydice,
Le cours de l'Eurotas et les bords du Jourdain.

En vain l'Envie atroce, en vain la Calomnie,
Ont tenté d'enchaîner l'essor de ton génie,
Il est grand, il est fort comme la Vérité,
Comme la Vérité que tu peins si puissante
Et que le Temps vengeur enlève triomphante
    Au séjour de l'Éternité.

O Poussin! dans ces traits, sur ce bronze immobile,
N'ai-je pas vu la vie apparaître un instant,
Le crayon s'agiter dans cette main habile,
Dans ces yeux resplendir un regard éclatant?

S'il est vrai, si, planant sur ta chère patrie,
Tu jettes vers la terre un radieux coup d'œil,
En voyant à tes pieds se presser la Neustrie,
Ton cœur doit tressaillir d'un généreux orgueil.

Quand la Grèce à ses Dieux élevait des images,
Le génie, avec eux, obtenait un autel.
Nous te déifions aussi par nos hommages,
Et ton génie est Dieu, puisqu'il est immortel.

  1846.

AVRIL

Mois d'ivresses
Qui nous laisses
Tes richesses,
Mois d'Avril,
Qui rappelles
Les fidèles
Hirondelles
De l'exil;

Sur ta trace
Dans l'espace,
Zéphyr chasse
Les autans;
Chaque aurore
Qui te dore
Fait éclore
Un printemps.

Rien n'outrage
Ton feuillage,

Point d'orage
Importun.
Toute rose
Est éclose
Et t'arrose
De parfum.

La pervenche
Bleue et blanche
Au vent penche
Toute en pleurs ;
Et l'abeille
Qui sommeille
Se réveille
Dans les fleurs.

La fauvette
Gentillette,
Qui caquette
Tout le jour,
Sémillante,
Sautillante,
Vole et chante
Tour à tour.

Seul le tremble
Là-bas tremble ;
Le lac semble
Un miroir ;
Et chaque île,

AVRIL.

Frais asile,
Y vacille,
Belle à voir.

Là s'incline
La colline,
Que domine
Un clocher.
Dans l'enceinte
L'airain tinte
Pour la sainte
Du rocher.

Là sans cesse
Tout se presse,
Chants d'ivresse,
Pleurs d'adieu;
La prière
Solitaire
De la terre
Monte à Dieu.

Tout au monde,
Fauvette, onde,
Fleur qu'inonde
Un doux miel;
Fraîche brise,
Roche grise,
Vieille église,
Terre ou ciel,

AVRIL

Tout soupire,
Tout respire
Le délire
Du bonheur.

Harmonies
Infinies,
Voix bénies
Du Seigneur !...

LE ROSAIRE

LÉGENDE DES CÔTES DE LA NORMANDIE

A M. S. CAMARET

C'était sur le rivage agreste
Où s'élève un temple modeste
A la vierge de Bon-Secours.
Là, sur la falaise massive,
Une jeune fille plaintive
S'asseyait depuis bien des jours.

Longtemps, dans sa douleur cruelle,
Près de la rustique chapelle,
Elle exhalait son deuil amer ;
Et, malgré soi, dans sa souffrance,
Elle jetait, sans espérance,
Un regard du ciel à la mer :

— « Voici le même jour et voici la même heure ;
C'est d'ici qu'il partit, deux ans déjà passés.
Sur cette même roche, où seule encor je pleure,
Nous restâmes longtemps tous les deux embrassés.

— « Dans un an, disait-il, je serai riche et libre ;
« Ceux qu'hier sépara, demain les réunit.
« Prie, et songe, en priant, qu'ici-bas un cœur vibre,
« Qui pense à toi toujours et toujours te bénit. »

« Entre mes mains alors déposant ce rosaire,
Il s'éloigna. Je crus que j'allais en mourir ;
Son vaisseau l'emporta sur le flot solitaire,
Et je connus, hélas ! ce que c'est que souffrir.

« Tout un an j'attendis. — Pendant une autre année,
Je revins, chaque jour, sur ce même chemin ;
Mais la nuit emportait l'espoir de la journée,
Et plus bas, chaque soir, je murmurais : — « Demain ! »

« J'avais dit : — « Donnez-moi le courage suprême,
« Seigneur ! et dans un an, je le jure à genoux,
« S'il n'est pas revenu me dire ici : — « Je t'aime ! »
« Ne pouvant être à lui, je me fiance à vous. »

« Voici le même jour et voici la même heure ;
L'année expire encore, et, seule, dans ce lieu
D'où je l'ai vu partir, comme autrefois je pleure :
Il n'est pas revenu, me voulez-vous, mon Dieu ?

« Dès demain, j'entrerai dans un saint monastère.
Purifiez ce cœur qu'on abreuva de fiel !
Ce bonheur qu'à ma vie a refusé la terre,
En pleurant à vos pieds, je l'attendrai du Ciel ! »

Elle franchit le portail sombre.
Notre-Dame brillait dans l'ombre,
Ouvrant les bras à sa douleur ;
Quand une mendiante, assise
Sous le portique de l'église,
Lui dit : — « Secourez mon malheur ! »

Elle répondit : — « Pauvre femme,
Priez Dieu pour moi, car mon âme
N'a plus d'espoir que le cercueil. »
Elle lui donna son aumône,
Et puis, aux pieds de la Madone,
Alla s'abîmer dans son deuil.

— « Nous vous bénissons, Notre-Dame
De bon secours ;
Vous que sur l'Océan le matelot réclame,
Vous qui sauvez ses jours ! »

D'où s'élève cet hymne ? Il monte de la plage ;
Ce sont des matelots qui rentrent dans le port,
Et vont, arrachés au naufrage,
Rendre grâce à celui qui commande à la mort.

Ils s'avancent pieds nus, chacun portant un cierge ;
Car, sous leur rude écorce, ils sont humbles de cœur.
Et, devant l'autel de la Vierge,
Ils s'inclinent pieux et redisent en chœur :

— « Nous vous bénissons, Notre-Dame
De bon secours ;
Vous que sur l'Océan le matelot réclame,
Vous qui sauvez ses jours ! »

Soudain la pauvre enfant a relevé la tête :
— « C'est lui ! pourquoi n'est-il revenu qu'aujourd'hui ?
Dieu l'a sauvé de la tempête ;
Je l'ai revu, je l'aime, et ne suis plus à lui ! »

Le fiancé priait, radieux d'espérance,
Tandis qu'elle étouffait ses douloureux sanglots.
Enfin, ployant sous la souffrance,
Elle n'entendit plus ce chant des matelots :

— « Nous vous bénissons, Notre-Dame
De bon secours,
Vous que sur l'Océan le matelot réclame,
Vous qui sauvez ses jours ! »

Le lendemain, assis près de sa fiancée,
Le naufragé pleurait de n'avoir pas péri,
Car elle lui disait : — « Ami ! l'heure est passée,
Il nous faut renoncer à notre espoir chéri.

« Voilà ce que m'a dit ce matin le vieux prêtre :
— « Interroge ton cœur et Dieu pieusement ;
« Car il n'est ici-bas personne qui puisse être,
« Entre ton cœur et Dieu, juge de ton serment. »

« Je vais prier ! si Dieu me dit d'être soumise
Au serment que j'ai fait, alors je laisserai
Ce rosaire à la place où je me serai mise;
Tu le conserveras, et je m'éloignerai.

« Tu ne me suivras point, de peur qu'en ses alarmes
Mon cœur ne se révolte en te disant adieu,
Et ce rosaire seul, tout trempé de mes larmes,
Te sera le signal que j'appartiens à Dieu. »

Elle entra dans l'église, et lui, loin après elle,
La regardait aller et se mettre à genoux;
Lorsque la mendiante, au coin de la chapelle,
Lui dit : — « Secourez-moi, je prîrai Dieu pour vous ! »

— « Oui ! priez Dieu pour moi; priez, vous qu'il écoute.
Si des infortunés il est le père encor,
Nos trois cœurs suppliants le fléchiront sans doute. »
Il dit et lui donna sa seule pièce d'or.

A genoux, bien longtemps la pauvre enfant exhale
En prière, en sanglots, ses vœux et ses douleurs;
Mais lorsqu'elle eut fini de prier..... sur la dalle
Le rosaire restait tout baigné de ses pleurs.

Pâle, elle s'avançait les yeux baissés à terre,
Fidèle à son serment, résignée à souffrir;
Le jeune homme, debout dans la nef solitaire,
Plus pâle qu'elle encor semblait près de mourir

Ainsi, tous deux pleuraient leur espérance éteinte,
Et, comme le Sauveur montant au Golgotha,
La jeune enfant, du temple allait franchir l'enceinte,
Lorsque la mendiante, accourant, l'arrêta.

Elle avait ramassé le rosaire qui brille,
De douleur et d'amour signal mystérieux,
Et, rejoignant enfin la triste jeune fille,
Lui disait : — « C'est à vous, ce joyau précieux ! »

Celle-ci refusait ; mais d'une voix plus claire,
Qui de l'enfant troublée augmenta la pâleur,
La pauvresse insista : — « Gardez votre rosaire !
Le perdre ou l'oublier, cela porte malheur ! »

Et le jeune homme : — « Oh ! oui ! c'est un arrêt suprême.
Le pauvre est du Seigneur l'interprète ici-bas.
Ce rosaire, c'est Dieu qui te le rend lui-même ;
Il voit ton sacrifice et ne l'accepte pas.

« Tu voulais t'immoler, mais lui, qui nous dirige,
Sur nos fronts éprouvés ouvre un ciel éclairci ;
Il a par d'humbles mains accompli le prodige,
Il t'a rendue à moi. — Merci, mon Dieu ! merci ! »

LE COMTE ADICK

BALLADE

A M. PAUL RICHER

La trompette des alarmes
Sonne dans tous les châteaux.
Le comte Adick prend ses armes
Et rassemble ses vassaux.
A l'appel de la patrie,
Jamais magnat de Hongrie
N'a tardé, même d'un jour.
Il met sa cotte de maille,
Son bon cheval de bataille
Hennit au pied de la tour.

A la fenêtre une dame
Regarde tous ces apprêts,
Et sourit, la mort dans l'âme,
D'un sourire pur et frais :
C'est la jeune fiancée
Qui concentre sa pensée

Sur le Comte, ses amours,
Qu'elle voit, de sa fenêtre,
Partir, pour longtemps peut-être,
Et peut-être pour toujours.

Mais de gémir elle a honte,
Car la Hongrie en danger
Appelle le noble Comte,
Pour combattre et la venger.
Aux brillants éclairs du sabre,
Au destrier qui se cabre
Elle rit avec effort ;
Elle parle de victoire,
De prochain retour, de gloire,
Et rêve blessure et mort.

— « Je pars, ma blonde Gisèle ;
Mais je te rapporterai
Et mon cœur aussi fidèle,
Et mon nom plus honoré.
Cet anneau de fiancée
Tient mon âme à toi fixée
D'un nœud qu'on ne peut briser ! »
Puis il prend sa main petite,
Et sur la bague bénite
Il dépose un doux baiser.

Soudain la trompette sonne ;
L'adieu se perd dans le bruit.
Sur le coursier qui frissonne

Le Comte part : tout le suit.
Au soleil, dans la poussière,
Flotte la rouge bannière
Et luit mainte armure en feu ;
Gisèle en pleurs suit leur trace,
Et le dernier bruit qui passe
Lui porte un dernier adieu.

Adick, aux champs du carnage,
Fait briller son noble cœur.
La gloire aime le courage ;
Adick est partout vainqueur.
Cependant sa fiancée,
D'un mal dévorant blessée,
Voit de bien près le tombeau ;
Et le venin qui ravage
Marque en sillons son passage
Sur ce front hier si beau.

La beauté n'est rien pour elle ;
Cependant à son miroir
Elle court, pauvre Gisèle,
Et frémit de s'y revoir !
Un deuil affreux la dévore ;
Comment plaira-t-elle encore
A ce héros des combats,
Qui déjà revient peut-être,
Et, la voyant apparaître,
Ne la reconnaîtra pas ?

— « Oh! je voudrais être morte!
Pourquoi voir encor le jour,
Si le mal qui fuit m'emporte
Mon bonheur et mon amour?
Tandis qu'à son apanage
Adick joint, par son courage,
La gloire d'un nom vanté,
Je perds ma seule richesse,
Mon seul titre à sa tendresse
Ma couronne de beauté! »

Tandis qu'elle fond en larmes,
Partout résonne à la fois
Le bruit des pas et des armes.
Du comte Adick c'est la voix :
— « Où donc es-tu, ma Gisèle?
Viens! viens! celui qui t'appelle
C'est ton bien-aimé; c'est moi! »
Elle frémit de l'entendre.
Ce cri d'une voix si tendre
Lui remplit le cœur d'effroi.

— « Ne m'approche pas, dit-elle
Dans son douloureux émoi,
Fuis! j'ai cessé d'être belle,
Je suis indigne de toi!
Et ses deux mains, avec crainte,
D'une convulsive étreinte
Voilaient son front agité.
Mais lui :— « Viens à moi! je t'aime!

LE COMTE ADICK.

Si ton amour est le même,
Que m'importe ta beauté ! »

— « Non ! à mon âme éperdue
Épargne ce désespoir ;
Tu frémirais à ma vue !
— « Mes yeux ne peuvent plus voir !...»
Elle regarde..... A la guerre,
D'une atteinte meurtrière,
Le comte a perdu les yeux.
— « Adick, ô toi que j'adore,
Tu peux donc m'aimer encore !
Soyez bénis, justes cieux ! »

Partout la jeune comtesse
Conduit l'aveugle adoré,
Et si d'une gaze épaisse
Elle a le front entouré,
Ce n'est pas qu'elle regrette
Sa forme autrefois parfaite ;
Elle craint, d'un cœur jaloux,
Que sur sa beauté perdue,
Quelque parole entendue
N'attriste son noble époux.

SOLEIL COUCHÉ

SONNET

Le soleil s'est précipité
Sous l'horizon qui le dévore;
Il disparaît, il plonge encore :
C'est la fin d'un beau jour d'été.

Mais sa transparente clarté,
Ainsi qu'une seconde aurore,
Bien longtemps survit, et colore
Les bords du ciel qu'il a quitté.

Telle une âme de Dieu chérie,
Qui part vers une autre patrie
Et que l'on voudrait retenir,

Lègue à la mémoire pieuse,
Comme une trace lumineuse,
Les clartés de son souvenir.

LA DERNIÈRE PAGE

Vers ! songes de passé, de présent, d'avenir,
Tantôt tristes, cédant au poids du souvenir,
  Tantôt gais enfants de mes veilles,
Joyeux comme captifs qui laissent la prison ;
Tantôt rêveurs, cherchant un lointain horizon
  Que l'amour peuple de merveilles !

Vous voilà réunis ! et moi, sur le passé
Comme le laboureur sur le sillon tracé,
  Je jette un coup d'œil en arrière ;
Et je vous vois tout prêts à prendre votre essor !
L'obscurité vous sied, votre aile est faible encor :
  Pourquoi tentez-vous la carrière?

Et je vous vois tout prêts ; ainsi que dans nos bois
Une troupe d'oiseaux, pour la première fois,
  Essayant sa plume encor molle,
Tout ensemble s'avance au bord du même nid,
S'appelle de la voix, s'encourage, s'unit ;
  Et puis tout ensemble s'envole...

Cherchez des cœurs amis; je vous suivrai des yeux,
Mais ne vous fiez pas à la splendeur des cieux,
                O chère et débile couvée !
Ne chantez pas trop haut, n'allez pas trop avant;
N'exposez pas votre aile à la fureur du vent
                Que vous n'avez pas éprouvée.

Livrez-vous aux amis qui vous tendent les bras;
Mais craignez les flatteurs, et ne mendiez pas
                Des oreilles pour vous entendre.
Si vous le méritez on viendra jusqu'à vous :
Le cœur a des parfums aussi subtils que doux,
                Qui s'exhalent sans se répandre.

TABLE

	Pages
Offrande	1
Les Deux-Mondes	3
Lever de soleil	11
Soyez ma sœur	16
Les Sylphes des feuilles	19
Les Funérailles de Mme Lœtitia Bonaparte	23
Béatrice, sonnet de Dante	26
L'Ame en peine	27
Simplicité	31
Sous un toit de chaume	33
Confidence	37
Dites-le-moi	41
A un poëte	43
Mélancolie	46
Ce qu'il faut taire	47
La jeune Fille et les Fleurs	50
Pensée de nuit	53
A madame G. S	55
Sur une hirondelle	57
Phialé	60
Je pense à vous	63
La Ronde des Fées	65
Camélia	71
L'Arc de Triomphe	73
Le Livre où vous priez	83
La Colombe blanche	85
Salomon de Caus	89
Le Trappiste	97
Automne	100
Alain Chartier	101
Casimir Delavigne	103

	Pages
La Chanson des bois	110
Le Chant des Colons	111
Nahich	113
Laisse-moi t'aimer	117
Les deux Fantômes	119
Crépuscule	125
L'Oreille	128
Le Roi de mer	131
Le Papillon égaré	134
Stances sur Paul et Virginie	135
Le Jardin de Wang-Weï	137
La Fiancée	139
Deux Vieillards	141
La Fleur fanée	145
La Lampe nocturne	146
Chérifa	147
Le Cercueil de Napoléon	151
Amour	157
Le Monument de Molière	159
Bouquet de bal	166
Les deux Anges	167
La jeune Fille et le Ruisseau	171
Retraite	173
L'Etoile du soir	175
Sur la Mort d'un chat	176
Petit Oiseau	179
L'Enfant perdu	181
Paysage	186
Dernier Vœu	189
La Statue du Poussin	191
Avril	197
Le Rosaire	201
Le comte Adick	207
Soleil couché	212
La Dernière page	213

FIN.

CHEZ LE MÊME ÉDITEUR :

FOI, ESPÉRANCE ET CHARITÉ, par P. BLANCHEMAIN, 1 vol. in-18.

POÉSIES DE A. BARBIER.

IAMBES ET POÈMES, 7e édition. 1 joli vol. in-18. . . . . 3 fr. 50
CHANTS CIVILS ET RELIGIEUX, 3e édition . . . . 3 fr. 50
RIMES HÉROIQUES. 1 vol. in-18. . . . . 3 fr. 50
SATIRES DRAMATIQUES, 2e édition. 1 vol. in-8 . . . . 7 fr. 50

POÉSIES DE A. BRIZEUX

LES BRETONS, poëme couronné par l'Acad. franç.; 2e édit. 1 vol. in-18. 3 fr. 50

LE MYOSOTIS; nouvelle édition, précédée d'une Notice biographique par SAINTE-MARIE MARCETTE; augmentée d'un Portrait littéraire de H. Moreau, par SAINTE-BEUVE, de l'Académie française, et d'OEuvres posthumes (Poésies et Lettres), recueillies et mises en ordre par OCTAVE LACROIX. . . . 3 fr. 50
CONTES A MA SOEUR, par HÉGÉSIPPE MOREAU. Nouvelle édition grand in-18. Introduction par OCTAVE LACROIX . . . . 1 fr. »
LES VENDÉENNES, poésies, par ALFRED GIRAUD 1 vol. grand in-18. 3 fr. 50
NÉMÉSIS, satyre hebdomadaire, par BARTHÉLEMY. 6e édit. 2 vol in-32. 3 fr. »
LETTRES SUR LA CHIMIE, considérée dans ses rapports avec l'industrie, l'agriculture et la physiologie, par JUSTUS LIEBIG, professeur de chimie à l'université de Giessens, membre correspondant de l'institut de France, de la Société Royale de Londres, de l'Académie de Berlin, de Saint-Pétersbourg, etc.; traduites de l'allemand, par F. BERTET-DUPINEY et E. DUBREUIL-HÉLION, docteurs en médecine de la faculté de Paris. 1 vol. in-18. 3 fr. 50
ARIOSTE. — ROLAND FURIEUX, traduction de Panckoucke et Framery; nouvellement revue et corrigée; précédée d'une Notice, par ANTOINE DE LATOUR. 2 vol. grand in-18 . . . . 7 fr. »
POÉSIES DE F. PÉTRARQUE, traduction nouvelle et complète, par le comte F. DE GRAMONT. 1 vol. . . . . 3 fr. 50
OBÉRON, par WIELAND, traduction entièrement nouvelle, par AUGUSTE JULLIEN. 1 joli vol. in-18. . . . . 3 f. »
PAMPHLETS POLITIQUES ET LITTÉRAIRES, de P. L. COURIER, suivis d'un Choix de ses Lettres, précédées d'un Essai sur la Vie et les Écrits de l'auteur, par ARMAND CARREL. 2 vol. in-32. . . . . 2 fr. 50
CODE DE LA NATURE, par MORELLY. Ouvrage attribué à Diderot. Réimpression complète, augmentée des fragments importants de la Basiliade, avec l'Analyse raisonnée du système social de Morelly, par VILLEGARDELLE. 1 vol. in-18. . . . . 2 fr. »
LA CITÉ DU SOLEIL, par CAMPANELLA. In-32 . . . . 1 fr. »

IMPRIMERIE DE J. CLAYE ET Cie, RUE SAINT-BENOIT, 7.

www.ingramcontent.com/pod-product-compliance
Lightning Source LLC
Chambersburg PA
CBHW051920160426
43198CB00012B/1978